Nina Richter

Third Culture Kids

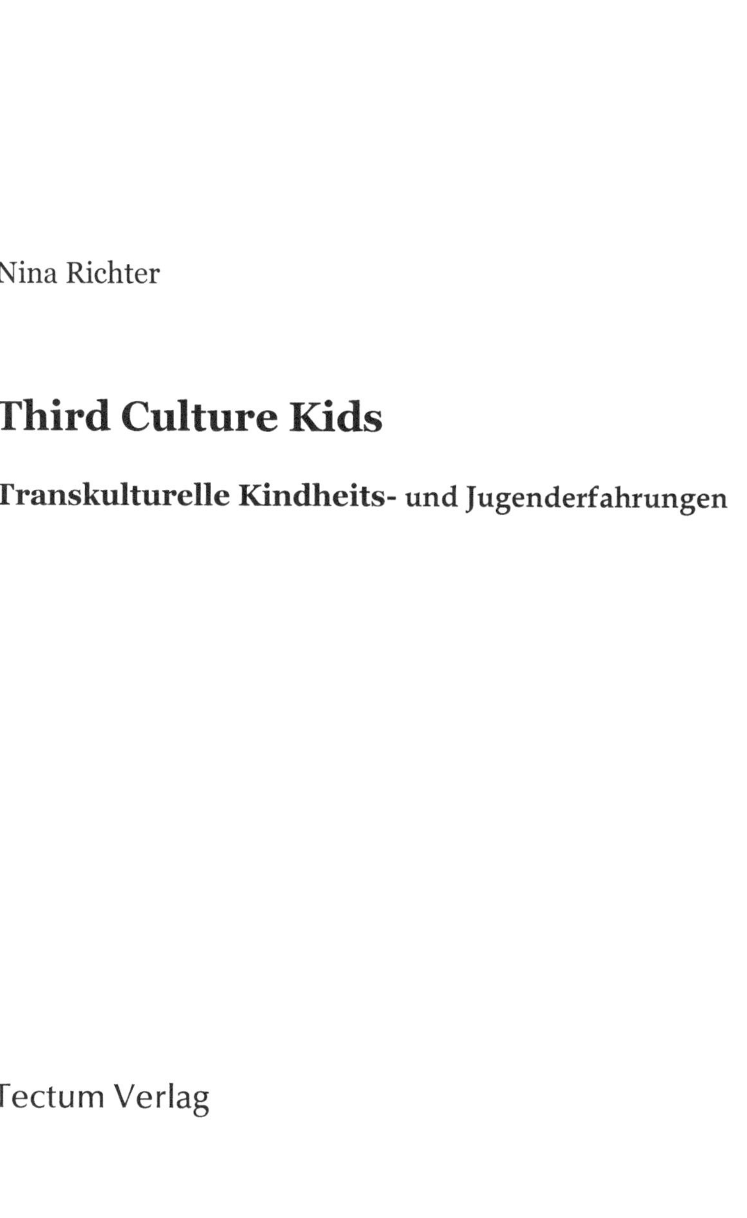

Nina Richter

Third Culture Kids

Transkulturelle Kindheits- und Jugenderfahrungen

Tectum Verlag

Nina Richter

Third Culture Kids. Transkulturelle Kindheits- und Jugenderfahrungen

ISBN: 978-3-8288-2738-7

Abbildung: Nina Richter
Druck und Bindung: CPI buchbücher.de, Birkach
Printed in Germany

Besuchen Sie uns im Internet
www.tectum-verlag.de

Bibliografische Informationen der Deutschen Nationalbibliothek
Die Deutsche Nationalbibliothek verzeichnet diese Publikation in der Deutschen Nationalbibliografie; detaillierte bibliografische Angaben sind im Internet über http://dnb.ddb.de abrufbar.

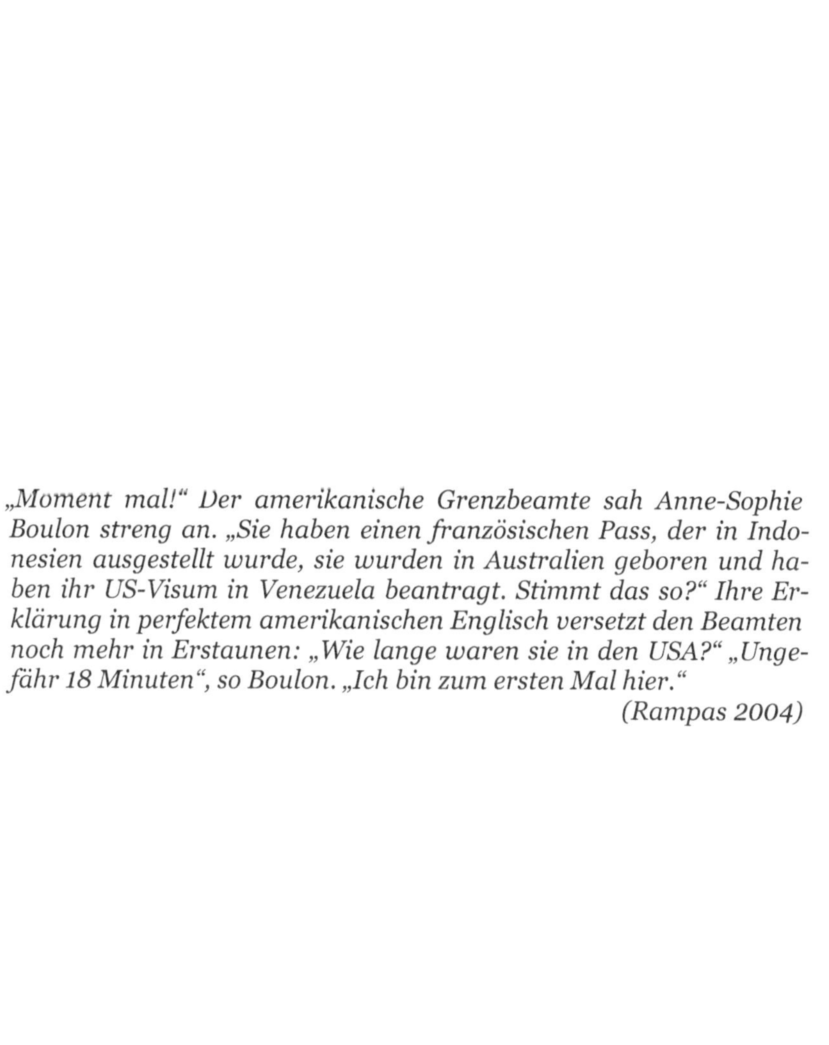

„Moment mal!“ Der amerikanische Grenzbeamte sah Anne-Sophie Boulon streng an. „Sie haben einen französischen Pass, der in Indonesien ausgestellt wurde, sie wurden in Australien geboren und haben ihr US-Visum in Venezuela beantragt. Stimmt das so?“ Ihre Erklärung in perfektem amerikanischen Englisch versetzt den Beamten noch mehr in Erstaunen: „Wie lange waren sie in den USA?“ „Ungefähr 18 Minuten“, so Boulon. „Ich bin zum ersten Mal hier.“

(Rampas 2004)

Inhalt

Abbildungsverzeichnis

Einleitung

„Experten versuchen vorauszusagen, wohin uns d[as] Jonglieren mit Kulturen führen wird. Der Blick auf die Welt der Third Culture Kids kann uns helfen, uns auf die langfristigen Konsequenzen dieses neuen Musters der globalen kulturellen Vermischung vorzubereiten.“
(Pollock/Reken Van 2003: 20)

Third Culture Kids sind keine neue Erscheinung, sondern vor allem ein zunehmendes gesellschaftliches Phänomen. Der US-amerikanische Soziologe Ted Ward versteht bereits 1984 Third Culture Kids als „Prototypen des 21. Jahrhunderts“ (Ward 1989: 57). Third Culture Kids sind Kinder, die aufgrund der beruflichen Tätigkeiten ihrer Eltern mehrere Entwicklungsjahre im Ausland verbringen. Im Zuge der Globalisierung und Internationalisierung der letzten Jahrzehnte wächst die Zahl der Third Culture Kids, und die Frequenz der Länderwechsel für die betroffenen Kinder steigt.

Third Culture Kids (TCK)[1] wachsen mit einer geringen Ortsgebundenheit in einer kulturübergreifenden Welt auf und teilen diese Lebenserfahrungen mit anderen Third Culture Kids, unabhängig von Herkunft oder Gastland. Statt einer monokulturellen Primärsozialisation erleben TCK eine transkulturelle Enkulturation[2] und erfahren eine nomadische, internationale Sozialisation. Sie übernehmen weder die Kultur ihrer Eltern noch die der Gastländer, sondern entwickeln eine Drittkultur, die ihnen ihren Namen verleiht.

Aus dem Zusammenwirken der Aspekte des transkulturellen Aufwachsens und der hohen Mobilität ergeben sich für diese Kinder besondere Vorzüge und spezielle Schwierigkeiten. Da Third Culture Kids bis zum

1 Im Folgenden verwende ich die Abkürzung TCK für Third Culture Kid(s).

2 Enkulturation, so heißt es in Hannes Stubbes *Lexikon der Ethnopsychologie und Transkulturellen Psychologie* (2005), ist das „Hineinwachsen in die Kultur, die kulturelle Formung des menschlichen Nachwuchses in eine Kultur“ (Stubbe 2005: 97). Enkulturation hat die allgemeine Bedeutung von „Lernen der Kultur, Lernen von Kulturmustern, Lernen des Werte- und Normensystems einer Kultur, Lernen kulturspezifischer Technologien, der Sprache, der Fertigkeiten, des kulturspezifischen Denkens, der kulturspezifischen Gefühlwelt ... und bezieht sich auf die typischen Veränderungen und Aufbauprozesse der Persönlichkeit von Heranwachsenden, sofern sie durch kulturspezifische Einflüsse mitbestimmt sind und kulturelle Inhalte implizieren“ (Fend 1970: 44f.).

Alter von achtzehn Jahren durchschnittlich acht große Umzüge durchleben (vgl. Tunberg o.J.), sind sie mit extrem häufigen Wechseln und Übergängen konfrontiert. Um diese ständigen Veränderungen zu meistern, gelten Third Culture Kids als besonders anpassungsfähig und tolerant. Sie erleben jedoch auch vielfache Trennungen, fühlen sich bei der Rückkehr in die vermeintliche Heimat deplatziert und empfinden Heimat- und Wurzellosigkeit. Da sich Third Culture Kids überall und nirgends dazugehörig fühlen, leiden sie unter einer unklaren Zugehörigkeit, unter Bindungsschwierigkeiten und Identitätsproblemen. Diese Ambivalenz von Gewinn und Verlust, von herausragenden Chancen und enormen Problemen ist als Spannungsfeld ein prägendes Moment für Third Culture Kids, sodass der Soziologe und Erziehungswissenschaftler Hartmut Griese von Third Culture Kids als „Spiegelbild der Postmoderne" (Griese 2004: online[3]) spricht.

Thema dieser Arbeit sind die transkulturellen Erfahrungen dieser TCK. Eine umfassende Darlegung soll beleuchten, wie und mit welcher Konsequenz in einer von Mobilität und transnationaler Migration[4] gekennzeichneten globalisierten Welt neue Phänotypen wie Third Culture Kids entstehen. Die damit aufgeworfenen Fragen nach der Prägung durch Auslandsaufenthalte und dem Einfluss eines kulturübergreifenden Lebensstils auf die Entwicklung und Persönlichkeit von Kindern und Jugendlichen stehen im Mittelpunkt dieser Arbeit. Gleichzeitig möchte ich den Bedarf an kindgerechter Betreuung und Unterstützung aufzeigen, dem in der bisherigen Betrachtung des Phänomens Third Culture Kid kaum Genüge geleistet worden ist.

Das Thema Third Culture Kids ist prädestiniert für eine kulturwissenschaftliche Auseinandersetzung, da es sowohl soziologische, ethnologische und kommunikationswissenschaftliche Aspekte impliziert als

3 Der Vermerk „online" bei Zitaten bezieht sich auf Quellenangaben aus dem Internet. In dieser Arbeit wird bei direkten Zitaten aus Internetquellen dieser Vermerk gemacht, um Verwirrung über nicht angegebene Seitenzahl zu vermeiden.

4 Migration verstehe ich in dieser Arbeit im Sinne der Soziologin Annette Treibels. In ihrem Werk *Migration in modernen Gesellschaften* (2003) definiert sie: „Migration ist der auf Dauer angelegte bzw. dauerhafte Wechsel in eine andere Gesellschaft bzw. in eine andere Region von einzelnen oder mehreren Menschen" (Treibel 2003: 21). Migration als Wanderung bedingt „die Ausführung einer räumlichen Bewegung, in einen vorübergehenden oder permanenten Wechsel des Wohnsitzes bedingt, eine Veränderung der Position also im physischen und im sozialen Raum" (Albrecht 1972: 23). Vgl. auch Wagner 1989: 26.

auch (entwicklungs-) psychologische und pädagogische Ansätze zulässt. Zudem ist das Phänomen Third Culture Kid von länder- und nationalitätenübergreifendem Belang und fordert „interdisziplinäre Grenzüberschreitungen und .. internationale Dimensionen“ (Nünning/Nünning 2003: 4), welche die Kulturwissenschaft für sich in Anspruch nimmt. Den Anstoß zur vorliegenden Arbeit gibt mein subjektiv-lebensgeschichtlicher Hintergrund als erwachsenes Third Culture Kid (Adult Third Culture Kid/ATCK).[5] Als Tochter eines (deutschen) Firmenentsandten in Korea geboren, verbrachte ich meine Kindergarten- und ersten Grundschuljahre in Hamburg und erlebte als Zehnjährige die Expatriation von Deutschland nach Japan. Den wiederholten Prozess der Relokalisation durchlebte ich erneut als Jugendliche beim Umzug von Tokyo in die USA. Ein Jahr später wurde mein Vater wieder versetzt, und wir zogen zurück nach Deutschland. Das Nomadentum und ein für Third Culture Kids typischer Migrationsinstinkt (bis heute bin ich siebzehn Mal umgezogen, davon sind sieben internationale Ortswechsel) zogen mich auch während des Studiums an der Bremer Universität ins Ausland: Ich verbrachte jeweils sechs Monate in den USA und in Indonesien. Somit sind mir die Auswirkungen von langfristigen Auslandaufenthalten gut bekannt. Die Ambivalenz des Third Culture Kid-Daseins ist mir wohl vertraut, und die Drittkultur-Erfahrungen spiegeln sich auch in meiner Identität.

Die Verankerung des Themas in die Disziplin der Kulturwissenschaft ergänzt meinen wissenschaftlichen Hintergrund. Mein Studium der Kulturwissenschaft und Anglistik/Amerikanistik in Bremen sowie ein Auslands-Semester *International Business* in Indonesien eignen sich zur Bearbeitung des Themas Third Culture Kids. In dieser Arbeit greife ich auf alle drei Bereiche zurück und kann damit die Teilaspekte des Themas Third Culture Kids multiperspektivisch verbinden. Dieser Rahmen, d.h. mein persönlicher Bezug, der meinen wissenschaftlichen Hintergrund ergänzt und umgekehrt, bietet hier den Raum für eine profunde Bearbeitung transkultureller Kindheits- und Jugenderfahrungen.

Beeinflusst von meinen persönlichen Erfahrungen, und motiviert von einem kulturwissenschaftlichen Anspruch, setzte ich in dieser Arbeit den Schwerpunkt auf eine umfangreiche Darstellung der wesentlichen

5 Der Third-Culture-Kid-Experte David Pollock erklärt den Begriff der erwachsenen Third Culture Kids: „[N]iemand ist jemals ein ehemaliges Third Culture Kid. TCK werden einfach nur zu erwachsenen TCK“ (Pollock/Reken Van 2003: 40).

Aspekte eines kulturübergreifenden Aufwachsens und des Einflusses transkultureller Enkulturation auf die Identitätsbildung von Kindern und Jugendlichen.

Die vorliegende Arbeit gliedert sich in fünf Kapitel: Um eine umfangreiche Darstellung des Phänomens Third Culture Kid und der kulturübergreifenden Kindheits- und Jugenderfahrungen zu schaffen, wird im ersten Kapitel das Phänomen Third Culture Kid vorgestellt. Einleitend werden die Begriffe Third Culture Kid/Third Culture definiert, um daraufhin das Phänomen als Forschungsgegenstand zu betrachten. In Anlehnung an Wolfgang Welschs Konzept der Transkulturalität werden Third Culture Kids als transkulturelle Persönlichkeiten eingeführt.
Wie sich durch das Aufwachsen in mehreren Kulturen „normale" Kinder zu Third Culture Kids entwickeln, wird in Kapitel 2 geschildert. Dabei wird aufgezeigt, welchen Einfluss die Mobilität während der prägenden Entwicklungsjahre hat, und in welchem Alter die Probleme bei einer Expatriation, Relokalisation und der späteren Repatriation prägnant werden. Unter dem Aspekt der Relokalisation und Transition wird der Verlauf von Auslandsaufenthalten geschildert und der Mangel an kindgerechter Analyse aufgezeigt. Da Third Culture Kids aufgrund ihrer hohen Mobilität während ihrer Kindheit/Jugend mehrere Relokalisationen erleben, wird speziell der Übergangsprozess, den sie wiederholt durchlaufen, analysiert. Um die m.E. unterschätzten Auswirkungen der Auslandsaufenthalte bzw. Relokalisationen auf Kinder und Jugendliche zu illustrieren, werden insbesondere die Anpassungsschwierigkeiten, d.h. die Umstellungen und Stressreaktionen eines Kulturschocks bei Kindern und Jugendlichen thematisiert. Die Entwicklung der Third Culture Kid wird durch die Darstellung prägender personeller, kultureller und institutioneller Einflüsse ergänzt.
Anschließend wird in Kapitel 3 die „Heimkehr" der Third Culture Kids beleuchtet. Die Repatriation, d.h. der Wiedereintritt in die angebliche Heimat, erweist sich für die Kinder/Jugendlichen als besonders heikel, da sie dem Third-Culture-Kid-Dasein kein Ende bereitet, sondern sich die rückkehrenden Third Culture Kids als „anders" heraus kristallisieren. Deshalb wird hier der Frage nachgegangen, mit welchen Belastungen und Herausforderungen die Kinder/Jugendlichen konfrontiert sind, und wie sich die Repatriierung, speziell auf Teenager, auswirkt. Für die Wiedereingliederungsprobleme werden Erklärungsansätze vorgestellt. Schließlich wird die Bedeutung von „Heimat"/„zu Hause" für Third Culture Kids aufgeklärt.

Ein Leben zwischen mehreren Kulturen wird in Kapitel 4 untersucht, in dem die Entortung mit den Aspekten der Heimat-, Wurzel- und Rastlosigkeit deutlich wird. Hier wird verständlich, warum Third Culture Kids die Fragen „Wo bist du zuhause?“ oder „Woher kommst du?“ schwer beantworten können. Die Anhäufung von Verlusten und die zumeist unverarbeitete Trauer der Third Culture Kids darüber verdeutlichen die Entortung. Das Gefühl sich irgendwo zwischen Vergangenheit und Zukunft zu befinden und überall und nirgends dazu zu gehören, wird hier verständlich gemacht. Ebenso werden die gegensätzlichen Reaktionen auf diese Empfindungen aufgezeigt und diametrale Anpassungs- bzw. Abgrenzungstaktiken der Third Culture Kids bei der Suche nach Zugehörigkeit deutlich. Schließlich wird in diesem Kapitel eine mögliche Verortung in der Drittkultur präsentiert.
Kapitel 5 behandelt die kaleidoskopische Identität der Third Culture Kids. Um diese zu veranschaulichen, werden die facettenartigen (Aus-) Wirkungen der transkulturellen Kindheits- und Jugenderfahrungen anhand von Vor- und Nachteilen und mittels ambivalenter Charaktereigenschaften und Fähigkeiten entfaltet. Typische Beziehungsmuster werden dabei ebenso gezeigt wie der Entwicklungsverlauf und Reifeprozess der Third Culture Kids. Abrundend wird Transkulturalität als Identitätsmodell für Third Culture Kids vorgeschlagen.
Abschließend fasse ich die wesentlichen Punkte meiner Arbeit in einer Schlussbetrachtung zusammen.

Bei den Ausführungen dieser Arbeit handelt es sich um Generalisierungen. Sicherlich trifft deshalb nicht jede Aussage und jedes Merkmal auf jedes Third Culture Kid zu, da selbstverständlich jedes Kind und jeder Jugendliche individuell ist und aufgrund seines Charakters unterschiedlich auf Veränderungen und den Umzug in ein anders Land reagiert und Sorgen, Nöte oder Ängste verschieden artikuliert. Gleichwohl dient dieses verallgemeinerte Gruppenprofil als Richtwert für repräsentative Erfahrungsmuster, Persönlichkeitsmerkmale und Besonderheiten der Third Culture Kids. Deshalb erlauben die enorme Bandbreite an Betroffenen und die Prozesshaftigkeit des Themengegenstandes eine Pauschalisierung zugunsten der Präsentation eines komplexen Phänomens.
Das Alter der Kinder/Jugendlichen greife ich wiederholt auf, da im Gegensatz zu den Erwachsenen der Kulturenwechsel bei Kindern stattfindet, bevor sie ein grundlegendes Bewusstsein entwickeln können, wer sie sind und wohin sie gehören. Trotzdem passen Kinder sich nicht flexibel an ihr neues Umfeld an. Sie machen während prägender Entwick-

lungsjahre wiederholte Übergangserfahrungen und müssen die häufigen Wechsel verkraften. Das Alter der mitreisenden Kinder spielt auch hinsichtlich der Intensität der Drittkulturerfahrung eine wichtige Rolle.

Meine methodische Vorgehensweise beruht auf umfangreicher Literaturrecherche und intensiver Textarbeit. Bedingt durch die Komplexität des Themas und auch aufgrund der räumlichen sowie zeitlichen Begrenzung dieser Arbeit, musste ich auf einen empirischen Teil verzichten. Ich nähere mich dem Phänomen Third Culture Kid vor allem deskriptiv-theoretisch. Die Quellen aus soziologischen, (entwicklungs-)psychologischen, ethnologischen, pädagogischen, betriebswirtschaftlichen und kommunikations-wissenschaftlichen Texten von Autoren unterschiedlicher Nationen und Kulturen liefern die Basis, auf der ich das Thema Third Culture Kids stütze. Zudem versuche ich, Third Culture Kids selbst zu Wort kommen zu lassen, indem ich auf Ausführungen von Third Culture Kids zurückgreife und mittels der anekdotisch geprägten (fiktionalen und biographischen) Betroffenenliteratur die Themenstellung beschreibe. Das Werk *Third Culture Kids – Aufwachsen in mehreren Kulturen* (2003) von David Pollock und Ruth Van Reken ist dabei Ausgangspunkt und Grundlage meiner Arbeit.[6] Meines Wissens nach ist dies das einzige umfassende Werk, welches das Thema in deutscher Sprache behandelt.[7] In ihm wird das Phänomen Third Culture Kid mit 20-jährigem Forschungshintergrund und Erfahrungswerten sowie durch ausgewertete Interviews, Anekdoten und Fallbeispiele gesammelt beleuchtet.

---

6 Pollock arbeitete mehr als 20 Jahre mit TCK, veranstaltete weltweit Seminare und Konferenzen und war bis zu seinem Tod 2004 *Executive Director of Interaction International Inc.*. Seine Co-Autorin und Kollegin Ruth Van Reken ist als Missionarstochter selbst erwachsenes TCK und gleichzeitig Mutter und Großmutter von Third Culture Kids (vgl. Pollock/Reken Van 2003).

7 Die Fachliteratur zu Auslandsentsendungen bspw. von Firmenmitarbeitern behandelt zwar mittlerweile ein breites Themenspektrum – von der Auswahl und Vorbereitung der zu Entsendenden, über die Betreuung im Gastland bis zur Rückkehrerproblematik – und hat sich als interdisziplinäres Gebiet mit Schwerpunkt der Betriebswirtschaftslehre, Kommunikationswissenschaft, Kulturanthropologie und Psychologie etabliert, dennoch ist besonders die deutschsprachige Literatur speziell zum Thema „Auslandseinsatz mit Kindern" für Eltern aber vor allem für Kinder begrenzt.

1 Das Phänomen *Third Culture Kid*

> *„Ich bin ein Wirrwarr von Kulturen. Einzigartig ich. Ich finde das gut, denn ich verstehe die Reisenden, die Vorübergehenden, die Ausländer, das Heimweh, das kommt.*
> *Ich finde das auch schlecht, denn ich werde nicht verstanden von Leuten, die an einem Ort gesät und gewachsen sind. Sie kennen nicht die wahre Bedeutung des Heimwehs, das mich hin und wieder überfällt. Manchmal verzweifle ich daran, sie zu verstehen.*
> *Ich bin eine Insel und eine UNO."*
> *(Pollock/Reken Van 2003: 49)*

Während vor 1945 hauptsächlich Diplomaten, Missionare oder Militärangehörige mit ihren Familien ins Ausland zogen, sind in der verstärkt mobilen Welt der vergangenen Jahrzehnte auch Angestellte von international operierenden privatwirtschaftlichen Unternehmen, von Entwicklungsdiensten oder von überstaatlichen Institutionen zu häufigen Standortwechseln aufgefordert, wobei sie ihre Familien in andere Länder und Kulturen mitnehmen (vgl. IFIM 2002 a/2005 b). Neben der zunehmenden Quantität des internationalen Personalaustausches hat sich gleichzeitig seit einigen Jahren die Frequenz der Orts-/Länderwechsel bei Auslandsentsendungen stark erhöht. Während früher eine entsandte Familie in der Regel drei bis zehn Jahre im Ausland blieb (vgl. Dülfer 2001: 547f.), verbringt sie heute durchschnittlich zwei Jahre an einem Standort (vgl. Fagetti-Spirig 2004). Die Organisation *Living Abroad LLC* kommt 2005 zu dem Forschungsergebnis, dass mehr als 40 Prozent aller Auslandsentsendungen sogar weniger als zwölf Monate dauern (vgl. Cadden/Kittell 2005). Zusätzlich erleben die Familien mehrere Auslandsaufenthalte hintereinander (vgl. Weiner 2003; Brinkama/Daufenbach 2000: 3).[8] Somit verbringen immer mehr Kinder und Jugendliche Teile ihrer Kindheit und/oder Jugend au-

8 Bspw. gilt für Mitarbeiter des deutschen Auswärtigen Amtes folgende Richtlinie: „Der Einsatzort des Auswärtigen Dienstes ist die ganze Welt. Das Stammpersonal unterliegt der sog. Rotation. Das bedeutet, dass Angehörige aller Laufbahnen in einem Turnus von drei bis fünf Jahren ihre Arbeitsplätze wechseln und von der Zentrale ins Ausland, im Ausland sowie vom Ausland in die Zentrale versetzt werden. So ist es keine Seltenheit, dass während eines Berufslebens mehr als ein Dutzend Mal umgezogen werden muss" (Auswärtiges Amt 2005: online).

ßerhalb ihres Passlandes und zunehmend auch in mehreren verschiedenen Zweitkulturen.[9] Für Matthew Neigh, Nachfolger David Pollocks und seit 2004 Direktor der Organisation *Interaction International,*[10] repräsentieren TCK sogar die „fastest growing population in the world today" (Pollak 2004: online).

1.1 Klärung der Begrifflichkeiten

Folgende Definition von TCK liegt dieser Arbeit zugrunde:

> Ein Third Culture Kid (TCK) ist eine Person, die einen bedeutenden Teil ihrer Entwicklungsjahre außerhalb der Kultur ihrer Eltern verbracht hat. Ein TCK baut Beziehungen zu allen Kulturen auf, nimmt aber keine davon völlig für sich in Besitz. Zwar werden Elemente aus jeder Kultur in die Lebenserfahrung des TCK eingegliedert, aber sein Zugehörigkeitsgefühl bezieht sich auf andere Menschen mit ähnlichem Hintergrund (Pollock/Reken Van 2003: 31).

„Das Aufregende an der Wortschöpfung besteht darin, dass damit eine neue Wirklichkeit umschrieben wird, die es so vor 50 Jahren noch nicht gab" (ebd.: 19). John Useem und Ruth Hill Useem benennen das Phänomen erstmals 1952. Damals erfasst das US-amerikanische Soziologen-/Anthropologenpaar TCK als Personen, die im Kindesalter mit ihren Eltern aufgrund deren Funktionen als Repräsentanten von Sponsororganisationen wie Militär, Kirche, Entwicklungshilfe oder Regierung im Ausland leben (vgl. Hill Useem 1999). Klassischerweise zählen zu TCK in erster Linie demnach Kinder von

- Firmenentsandten – sog. *Business Kids* oder *Expat*[11] *Kids,*
- Missionaren – sog. *Missionary Kids (MK),*
- Diplomaten – sog. *Dip Kids,*

---

9 John Useem und Ruth Hill Useem legen die Heimatkultur als Erstkultur fest. Die Gastkultur, in der Familien leben, nennen sie Zweitkultur (vgl. Pollock/Reken Van 2003: 32).

10 Die Organisation befasst sich exklusiv mit transnationalen Kindern und Erwachsenen. Neigh, selbst ATCK, gibt in 47 Ländern Seminare zum Thema TCK (vgl. Rampas 2004).

11 Ein Expatriate (abgekürzt Expat) ist ein „Arbeitnehmer, der von seinem Unternehmen für eine bestimmte Zeit ins Ausland geschickt wird" (Zwick 2004: online).

- Soldaten – sog. *Military Brats*.

Im Jahr 1984 formuliert Norma McCaig,[12] Gründerin der Organisation *Global Nomads International*, den Begriff der „globalen Nomaden“ (Rader/Harrris Sittig 2003: 2) mit folgender Definition:

> A global nomad is a person of any age or nationality who has lived a significant part of his or her developmental years in one or more countries outside his or her passport country because of a parent's occupation (McCaig zitiert in Schaetti 2004: online).

Diese Definition umfasst nicht nur Kinder derjenigen, die im Auftrag von Kirche und Staat in Übersee leben, sondern auch die Kinder, deren Eltern unabhängig oder selbständig im Ausland tätig sind (vgl. McCaig 2001). Heute begreift auch Hill Useem TCK allumfassend als Kinder, die ihre Eltern während der prägenden Entwicklungsjahre („von der Geburt bis zum 18. Lebensjahr“ (Pollock/Reken Van 2003: 40)) in eine andere Gesellschaft begleiten, um dort zu leben.

Mit dem Begriff *Third Culture* bezeichnen John Useem und Ruth Hill Useem in den 50er/60er Jahren einen gemeinsamen Lebensstil der Zwischenkultur multikulturell erfahrener Menschen.[13] Die Drittkul tur verstehen sie dabei als „Kultur im weitesten Sinne [d.h. als] eine Lebensweise, die man mit anderen gemeinsam hat“ (ebd.: 33). Diese entspricht demnach weder der Lebensweise der Heimatkultur (Erstkultur) noch der Kultur des Gastlandes (Zweitkultur). Die Personen sind folglich weder Teil ihres Heimatlandes noch Teil ihres Gastlandes. Sie teilen vielmehr einen dritten, mit psychologischen Veränderungen einhergehenden Lebensstil. Kinder, die durch den Lebenswandel ihrer Eltern kulturübergreifend aufwachsen, nehmen in der Folge weder die Kultur ihrer Eltern noch die der Gastkultur an, sondern machen sich (notgedrungen) eine sog. Drittkultur zueigen. Diese dritte Kultur verleiht diesen Kindern den Namen Third Culture Kids.[14] Die Begriffe

---

12 McCaig gehört zu den Pionieren, die sich bemühen, auf die Situation von TCK aufmerksam zu machen. Sie selbst ist ATCK und arbeitet heute beratend für internationale Firmen.

13 Das Ehepaar erforschte zu dieser Zeit US-Amerikaner in Indien und untersuchte Auswirkungen deren Mobilität. Sie stellten dabei psychologische Veränderungen bei Menschen mit kulturübergreifenden Erfahrungen fest (vgl. Straffon 2003: 489).

14 Ich verweise an dieser Stelle auf den Verdacht von Parallelen von Third Culture Kids zu Migranten- oder Flüchtlingskindern ebenso wie zu Adop-

Third Culture Kid, Global Nomad und Trans-Cultural Kid werden heute synonym verwendet (vgl. Gordon 1993).[15]

Zu welchen Gepflogenheiten und Eigenarten dieser Lebensstil führen kann, veranschaulichen salopp die folgenden Beschreibungen der Autoren Andy und Deborah Kerr. Sie formulieren für mein Empfinden in ihrer Sammlung *500 ways to know that you are a missionary kid*

---

tivkindern. Die Vermutung von Ähnlichkeiten liegt nahe, immerhin gleichen sich deren Fragen und Probleme. Ähnliche Fragen sind etwa die nach dem Zuhause oder der Heimat, nach der eigenen Identität, dem Anderssein oder dem Dilemma eines Kulturschocks (vgl. Lambiri 2005). Ebenso sind einige Chancen wie Mehrsprachigkeit oder multikulturelles Verständnis gleichartig. Dennoch unterscheiden sich Third Culture Kids von Migrantenkindern wesentlich in folgenden Aspekten: Eltern von TCK gehören überwiegend einer berufs- und bildungsprivilegierten Elite mit einem diesbezüglichen bevorrechtigtem Lebensstil an. Zu diesem gehören für die Familien von Third Culture Kids finanzielle Unterstützung, Vergünstigungen und Zulagen für Schulgeld, Hauspersonal oder Chauffeure. Vorrechte wie Fernreisen auf Kosten der jeweiligen Sponsororganisation sind ebenso üblich (vgl. Auswärtiges Amt 2003; Pollock/Reken Van 2003: 35). Bezüglich der Anpassungs-Erfahrung von Migranten oder Flüchtlingen, die in ihrem Adaptions-Prozess mehr auf das soziokulturelle System des Gastlandes angewiesen sind als viele Third Culture Kids, durchleben Migranten-/Flüchtlingskinder höchstwahrscheinlich intensivere Veränderungen und extensivere Anpassungen, die als kontinuierlicher Prozess auf unabsehbare Zeit gesehen werden. Bei Third Culture Kids kann sich eine Adaption oder Assimiliation an die Gastkultur anders vollziehen, da sie – mit Ausnahmen wie Missionarskindern – relativ unabhängig vom Umfeld des Gastlandes leben können. Militärangehörige leben z.B. oft in Segregation. Durch die räumliche und gesellschaftliche Abschottung der Militärbasen ist für Militärkinder eine geringere Anpassung an das Gastland nötig (vgl. Kim 1989: 280ff.), sie wachsen in „isolierten Lebensräumen" (Günther/Heitmann/Kuckuck 2005: 9) auf. Ferner kehren Migranten-, Flüchtlings- oder Adoptivkinder im Gegensatz zu Third Culture Kids, die eine Rückkehr in das Heimatland erwartet, äußerst selten permanent zurück in ihre Erstkultur (vgl. Griese 2004). Sowohl TCK als auch Flüchtlings-, Migranten- oder Adoptivkinder fallen nach Van Reken in die Rubrik der *Cross-Cultural-Kids (CCK)* (vgl. Reken Van o.J.). Somit bestehen zwar Ähnlich- und Gemeinsamkeiten zwischen Migrantenkindern und Third Culture Kids, aber die geschilderten Unterschiede sind signifikant und für die Prägung zum Third Culture Kid entscheidend.

15 In Japan werden TCK *kaigaishijo* (Isogai/Hayashi/Uno 2004: 495) – übersetzt „Überseekinder" – genannt. Spezifisch für zurückgekehrte TCK verwenden die Japaner den Begriff *kikojushijo* – „repatriated children" (Furuiye o.J.: online).

(o.J.) eine „Erkennungs-Checkliste“, die auch auf andere TCK als die adressierten Missionarskinder zutrifft.

Demnach gilt als TCK wer z.B.:

- ... auf die Frage „Woher kommst du?“ nicht antworten kann
- ... mindestens zwei Sprachen fließend spricht, aber die Rechtschreibung keiner dieser Sprachen beherrscht
- ... geflogen ist, bevor er/sie laufen konnte
- ... schon längst einen Reisepass, aber keinen Führerschein besitzt
- ... über die Sauberkeit der Toiletten auf den deutschen Raststätten nicht aus dem Staunen kommt
- ... es gewohnt ist, Weihnachtspäckchen erst zu Ostern zu bekommen
- ... von „grünen" Weihnachten träumt
- ... von *National Geographic* Heimweh bekommt
- ... dessen Adressbuch dicker ist als ein Lexikon
- ... Weltmeister im Packen ist
- ... Chlor schmeckt und an frisches Gemüse denkt
- ... als Kind von Nutella und Gummibärchen geträumt hat
- ... keinen „Uncle Ben's“ Reis isst, weil er nicht klebt
- ... sich fragt, ob es sich lohnt, neue Menschen kennen zu lernen, da man sich sowieso nur irgendwann wieder verabschiedet
- ... eines morgens aufwacht und feststellt, dass er kein Fremder mehr ist
- ... eines morgens aufwacht und feststellt, dass er immer noch anders ist
- ... sich überall und nirgends zuhause fühlt

(vgl. Kerr/Kerr o. J./1996).

Trotz enormer Vielfalt und Individualität innerhalb der Gemeinschaft der Third Culture Kids handelt es sich bei TCK um ein Phänomen mit repräsentativen, essentiellen Gemeinsamkeiten. TCK verbindet das Erlebnis, in Kulturen aufzuwachsen, die nicht ihre eigenen sind (vgl. Schaetti o.J.c). Ihr internationaler Lebensstil ist geprägt von mehrfachen Länderwechseln durch die das kulturelle Umfeld und dessen Regeln für Kinder veränderlich sind. Eine hohe Mobilität aufgrund der Frequenz der Relokalisationen und der Bewegung innerhalb der Drittkulturgemeinschaft gehören ebenso dazu. Damit sind diesen Kindern bestimmte kulturübergreifende Lebenserfahrungen gemeinsam, die sie zu TCK machen. Kinder, die im Ausland aufwachsen, weisen infolge dessen, wie Hill Useems Forschungsergebnisse bestätigen, andere

Eigenschaften und Merkmale auf als Gleichaltrige, die in einer einzigen Kultur enkulturalisiert und in einer Gesellschaft sozialisiert werden (vgl. IFIM 2002 a/b). D.h., so unterschiedlich die Persönlichkeiten, Nationalitäten, Familien, Länder, Wege, Ereignisse und Hintergründe der Kinder sind, so gleichartig erscheinen ihre Erfahrungsmuster. Griese fasst diese Besonderheit zusammen: „Wir haben es also bei den TCK mit einer Homogenität innerhalb von Heterogenität zu tun, mit ähnlichen Situationen und Erfahrungen trotz einzigartiger Biographien“ (Griese 2004: online).

1.2 Das Phänomen Third Culture Kid im Blick der Forschung

Die Entwicklung des Forschungsgegenstandes TCK beginnt nach dem Zweiten Weltkrieg mit der Entdeckung und Benennung des Phänomens per se durch die US-amerikanischen Soziologen/Anthropologen John Useem und Ruth Hill Useem. Daraufhin wurden im Auftrag des *Institute of International Studies in Education at Michigan State University*, für das die Useems arbeiteten, die (amerikanischen) Untergruppen Militärkinder, Missionarskinder und Diplomatenkinder erforscht, um das Phänomen TCK zu verstehen. Später wurden in der Forschung die Belastungen (wie Wiedereintrittsprobleme, Wurzellosigkeit und unverarbeitete Trauer), denen TCK wiederholt ausgesetzt sind, betont (vgl. McKillop 2000; Pollock/Reken Van 2003: 19f.).

Seit den 1960/70er Jahren erntet das Phänomen TCK zunehmend soziologisches, psychologisches und pädagogisches Interesse. Pollock und Van Reken nennen in ihrem Werk *Third Culture Kids – Aufwachsen in mehreren Kulturen* (2003) drei Gründe für die gesteigerte Aufmerksamkeit:

1. ist, wie einleitend erwähnt, die Zahl der TCK steigend, da Menschen zunehmend internationalen Berufstätigkeiten nachgehen. Parallel dazu wird es aufgrund internationaler Schulen, fortschrittlicher medizinischer Versorgung etc. gleichzeitig leichter, Kinder ins Ausland mitzunehmen (vgl. Pollock/Reken Van 2003: 19).

2. schließen TCK sich mittlerweile in Alumni-Vereinigungen von Schulen oder Organisationen wie *Global Nomads International* oder *Overseas Brats* zusammen (auch erleichtert durch Technologien wie das Internet) und erhalten somit deutlichere Stimmen in der Öffent-

lichkeit. Vicky Lambiri, interkulturelle Beraterin und Trainerin in Großbritannien, erklärt die öffentliche Präsenz von und das Bewusstsein für TCK so:

> Not only are they being written about more and more, but increasingly adult third culture kids (ATCK) themselves are the ones responsible for the evolution of the TCK term as it gradually enters the consciousness of the internationally mobile populations and those who work and live with them. Evidence that TCK are coming of age is all around us (Lambiri 2005: online).[16]

3. nimmt die Bedeutung der TCK-Erfahrungen – wie beispielsweise der Umgang und Dialog mit unterschiedlichen Kulturen und die Kenntnisse darüber – in einer globalisierten Welt zu (vgl. Pollock/Reken Van 2003: 20).

Seit Beginn der 1990er Jahre geraten durch eine umfassende Studie zu erwachsenen Third Culture Kids des Ehepaars Useem und der Soziologin/Anthropologin Ann Baker Cottrell von der *San Diego State University* das Potential der TCK, die Vorteile und langfristigen Auswirkungen von Auslandsaufenthalten für Kinder/Jugendliche in den Vordergrund der Analysen.[17]

---

16 Die Autorin Isabel Allende schreibt in ihrer Autobiographie *Paula* von ihrem Aufwachsen in Chile, Bolivien und im Libanon und schildert ihre globale, mobile Diplomatenkindheit. Ein aktuelles, außerordentliches Beispiel in der Literatur ist außerdem Sabine Kueglers Bestseller von 2005 *Dschungelkind*, der von ihrer Kindheit als Tochter deutscher Sprachforscher und Missionare in West-Papua in einem Urwald-Stamm erzählt, von Umzügen nach Deutschland und in die USA und ihrem Dilemma, sich mit siebzehn Jahren in der Schweiz anzupassen (vgl. Kuegler 2005).

17 Bei der von 1991 bis 1993 andauernden Studie wurden erwachsene TCK zu Langzeitwirkungen des TCK-Daseins befragt. 696 US-Amerikaner im Alter von 25-84 Jahren wurden per zweiseitigem Fragebogen zu Lebensstil, Berufswahl etc. befragt. Zu den entscheidenden Ergebnissen gehört u.a. dass 81 Prozent der ATCK einen hohen Bildungsgrad in Form des Bachelor-Abschlusses erlangen. Wesentlich ist die Erkenntnis, dass ATCK Muster der Mobilität beibehalten. Von 45 Prozent wurde das College drei Mal und öfter gewechselt, mehr als ein Viertel absolvierte einen Teil des Studiums in Übersee. Auch nach dem Studium erhalten 80 Prozent die hohe Mobilität aufrecht. 80 Prozent der befragten ATCK bewahren sich internationale Aspekte und Berührungspunkte in ihrem Leben, 56 Prozent in ihrer beruflichen Funktion, über 90 Prozent haben internationale Kontakte. Zu betonen ist außerdem, dass 90 Prozent der ATCK sich immer noch „out of synch

Nach meinem Kenntnisstand gibt es bis dato hauptsächlich amerikanische und japanische empirische Erhebungen zum Phänomen TCK in den USA sowie in Japan. Die mir bekannten Studien der letzten Jahre befassen sich hauptsächlich mit dem Prozess der Relokalisierung (vgl. Rogers/Ward 1993; Smith 1998; Sussmann 2002). Auch das psychologische Wohlbefinden während der Anpassung an das Gast- bzw. Heimatland ist für die Forscher von Interesse (vgl. Matsumoto 2004; Savicki 2004).[18] Des Weiteren findet die Frage nach der kulturellen Identität ebenso Aufmerksamkeit (vgl. Smith 1998; Cox 2004; Isogai/Hayashi/Uno 1999) wie die Themen interkulturelle Sensibilität und Kompetenz (vgl. Straffon 2003; Paige et al. 2003; Pruegger/Rogers 1994; Greenholtz 2005). Insbesondere an internationalen Schulen findet das Thema Bedeutung (vgl. Fail 1996; Straffon 2003; Spillane 2003). In den beiden vergangenen Jahrzehnten sind zudem Veränderungen in der Betreuung von Kindern und Erwachsenen in Form von interkulturellen Trainings[19] zu beobachten, sodass Erfolgs-Evaluationen populärer werden (vgl. Thomas 1995; Kainzbauer 2002; Kealey 2005; Lievens 2003).

In Beratungs- und gezielten Trainingsleistungen sind in Deutschland die Carl Duisberg Centren und das Institut für Interkulturelles Management (IFIM) in Rheinbreitbach führend.[20] Mit zahlreichen Publikationen und Umfragen übernimmt letzteres zugleich eine Schlüsselrolle in der Erforschung von Auslandseinsätzen und ihren Wirkungen. Im letzten Jahr wurden 818 deutsche *Expatriates* und ihre Familien in

with their age group throughout their lifetimes" (Baker Cottrell/Hill Useem 1999a-c) fühlen. Zusätzlich kommt die Studie zu dem Ergebnis, dass ATCK später heiraten als gleichaltrige Amerikaner. 60 Prozent wählen Partner, die ebenfalls international erfahren sind bzw. gehen 16 Prozent binationale Ehen ein und geben an, ihre Kinder auf der Basis von *Diversity* zu erziehen (vgl. die ausführlichen Studienergebnisse unter Baker Cottrell/Hill Useem 1999 a-c; Baker Cottrell 1999, Glicksberg-Skipper o.J.). Was also passiert, wenn ATCK TCK erziehen, bleibt abzuwarten.

18 Zunehmend wird auch die Integration von mitausreisenden Ehefrauen thematisiert (vgl. Tung 1981/Gross 1994: 83 ff./Schröder-Kühn/Richter 2004).

19 Zur Entwicklung interkultureller Trainings in Deutschland vgl. IFIM o.J. a.

20 Sog. *Relocation*-Agenturen übernehmen auch in Deutschland die Abwicklung von und Unterstützung bei bürokratischen, organisatorischen Aufgaben, die ein Umzug mit sich bringt. Ferner ist das Raphaels Werk mit 22 Beratungsstellen in Deutschland vertreten. Der Verein hilft Menschen, die Deutschland vorübergehend oder dauerhaft verlassen wollen und unterstützt sie mit Länderinformationen, bürokratischen Abwicklungen, Gesundheitsratschlägen u.ä..

einer Studie über „Leben und Arbeiten im Ausland" zu den Themenbereichen Arbeitsverhalten, Eingewöhnung, Situation der Partnerinnen sowie der Kinder befragt.[21]

Ebenso wie einige andere bisherige Forschungen weist diese Studie des IFIM jedoch Defizite auf, da die Studien phasen-deskriptiv und querschnittartig angelegt wurden. Die Teilnehmer wurden jeweils nach rund einem Jahr Aufenthalt im Gastland um Stellungnahme gebeten. Längsstudien über den Prozess-Charakter der kulturellen Anpassung oder zu Übergängen u.ä. fehlen in der Forschung.[22] Die Ergebnisse der IFIM-Umfrage von 2005 beruhen außerdem auf Aussagen und Interpretationen der Eltern – und nicht auf den Angaben der Kinder. Dies ist meines Erachtens eine erhebliche Forschungslücke, in der beispielhaft zum Ausdruck kommt, wie mangelhaft und selten Kinder mit ihren Erwartungen, Ängsten, Bedürfnissen bei einem Umzug ins Ausland berücksichtigt und mit ihren Reaktionen darauf ernst genommen und unterstützt werden.
Generell ist zu monieren, dass beim Großteil der Forschungen mit standardisierten Fragebögen und vorformulierten Aussagen gearbeitet wird. Qualitative Untersuchungsverfahren wie die teilnehmende Beobachtung, problemorientierte Interviews, nichtreaktive Methoden, Gruppen- oder Einzelgespräche ethnopsychoanalytischer Natur sowie kulturvergleichende Studien o. ä. finden sich nach meinen Recherchen nicht in der Literatur. Nachforschungen wären aber sicherlich mit einem kulturwissenschaftlichen An- und Einsatz effektiv und lohnenswert, wozu diese Arbeit einen theoretischen Beitrag leisten soll.

1.3 Transkulturalität und Third Culture Kids

Dem Phänomen Third Culture Kid werden die klassischen migrationssoziologischen Konzepte nicht mehr gerecht. Georg Simmels historische Perspektive (1908) des Fremden als „der Wandernde, der heute kommt und morgen bleibt"[23] (Simmel 2002: 47/1992: 4), der Parksche

21 Die Umfrage erfolgt als standardisierte Nachbefragung von Teilnehmern der Vorbereitungsseminare. In dieser Studie wurden 748 Antwortbogen ausgewertet (vgl. IFIM 2005 c).

22 Vgl. auch Kühlmann (1995 a), der die Forschung im Bereich interkulturelles Management speziell in Bezug auf Auslandsentsendung von Fach-und Führungskräften mit einem ähnlichen Ansatz kritisiert.

23 Simmel bezieht sich in seinem Werk *Exkurs über den Fremden* (2002) auf „den jüdischen Händler mittelalterlicher Gesellschaften" (Treibel 2003:

marginal man (Park 1969: 131ff.) als hinzukommender Fremde[24], der sich aufgrund des Kulturkonflikts in ihm selbst in einer dauerhaften Krise befindet (vgl. Makropoulos 2004: 55) oder auch Alfred Schütz' Analyse des Fremden[25], der „von der Gruppe, welcher er sich nähert, dauerhaft akzeptiert oder zumindest geduldet werden möchte" (Schütz 2002 a: 73), sind obsolet und kommen dem Phänomen TCK nicht entgegen. Angesichts der gegenwärtigen Entwicklungen der Globalisierung zeigt das Phänomen TCK den Bedarf an innovativen Inhalten für bestimmte Terminologien wie *Identität*, *Migrationstypen*, *Interkulturalität* oder *Multikulturalität*. Um sich den gegenwärtigen Prozessen von Mobilität und Internationalisierung zu nähern und sie zu ergänzen, müssen adäquate Begriffe, passende Beschreibungen und Erklärungen gefunden werden.

Das Konzept der Transkulturalität, das Wolfgang Welsch seit Anfang der 90er Jahre vertritt, kommt dem Phänomen TCK entgegen.[26] Der Philosoph Welsch distanziert sich vom klassischen Konzept der Einzelkulturen, das durch ethnische Fundierung, innere Homogenisierung und die Abgrenzung nach Außen gezeichnet ist. Ebenso wendet er sich von neueren Konzepten der Interkulturalität oder Multikulturalität ab.[27] Der mit dem Präfix „trans-" versehene Begriff seines Konzeptes stellt eine Erweiterung der mit dem Präfix ‚inter-' oder ‚multi-' belegten Definitionen von Kulturalität dar, weil Transkulturalität auf einer „übergeordneten Ebene angesiedelt" (Toro de 2002: 31) ist und „mehrere Kulturen überspannt" (Thomas/Hagemann 1992: 179).[28] Die Vorsilbe „trans-" beschreibt also den Umstand, dass Determinanten von

104), der wegen seiner genau definierten Position als Fremder von Außen betrachtet und unabhängig ist.

24 Der US-amerikanische Soziologe Ezra Park bezieht sich mit seinem Konzept der Marginalität auf die soziale Randlage von Einwandern und meint mit dem *marginal man* die Situation der zweiten und dritten Generation jüdischer Einwanderer in den USA (vgl. Treibel 2003: 107).

25 Schütz bezieht sich in seinem Text *Der Fremde. Ein Sozialpsychologischer Versuch* (2002 a) mit dem Fremden auf einen erwachsenen Immigranten. In seiner Abhandlung und Definition sind Kinder ausgeschlossen (vgl. Schütz 2002 a: 73).

26 Den Begriff der Transkulturalität verwende ich im Folgenden in Anlehnung an Wolfgang Welsch.

27 Zu Welschs konkreter Kritik an dem Interkulturalitätskonzept verweise ich auf Welsch 2005: 46.

28 Alfonso de Toro, Professor für Kulturstudien, belegt den Präfix „trans-" interessanter Weise mit „globalen und nomadischen Charakter" (Toro de 2002: 31), was der Definition sowie dem Profil der TCK entspricht.

Kulturen heute „transversal“ (Unterholzner 2003: 11ff.) durch die Kulturen hindurchgehen, sie berühren, nie aber ganz umfassen. Außerdem erschließt sie den Blick auf die Zukunft „jenseits“ (ebd.: 6) der heute vorherrschenden Kulturmodelle. Im Gegensatz zu diesen sieht Welsch die Transkulturalität als „flexible Hybridisierung kultureller Quellen“ (Welsch 1995: 43), die durch vielfältige Verflechtungen und Durchmischungen charakterisiert sind.[29]

Als „sozial und psychologisch ein Produkt der Verflochtenheit der Kulturen“ (Adler 1977: 24f.) prophezeit Peter S. Adler bereits 1977 eine „neue, multikulturelle Persönlichkeit“ (ebd.). Diese entwickelt sich laut Adler aus den komplexen sozialen, politischen, wirtschaftlichen und erzieherischen Interaktionen unserer Zeit und ist m.E. übertragbar auf die heutigen Globalisierungsprozesse und deren Einfluss auf das Phänomen TCK. Die von Adler aufgestellten charakteristischen Merkmale einer multikulturellen Person treffen nach meinen Erkenntnissen auf die Besonderheiten des TCK-Profils zu, denn: Die von Adler formulierte neue Persönlichkeit transzendiert ihre ursprüngliche Kultur grundlegend und zeichnet sich durch drei folgende Persönlichkeitsmerkmale aus:

1. Sie ist „psychokulturell anpassungsfähig“ (Adler 1998: 233f.).
2. Sie ist in stetem Wandel begriffen (vgl. Adler 1977: 30).
3. Die Grenzen des Selbst bleiben dabei undefiniert (vgl. Adler 1998: 235).

Über die Grundlage der Multikulturalität im Sinne Adlers hinaus sollte meiner Meinung nach heutzutage von TCK als „transkulturellen Persönlichkeiten“ (im Sinne von Welsch) gesprochen werden. Durch die Bedingungen der von Welsch beschriebenen Transkulturalität werden Simplifizierungen (wie Kultur oder Nationalität) als spezifische Kennzeichen, nach denen Individuen katalogisiert werden, durch transkulturelle Formen ersetzt. Zu diesen zähle ich das Phänomen TCK, bei dem Transkulturalität dann für eine Kultur der Integration „mit mannigfaltigen Verflechtungen, Überschneidungen und Übergängen“ (Welsch 1995: 4) verschiedener Lebensweisen steht.

---

29 Welschs Konzept lehnt sich an den pragmatischen Kulturbegriff des Philosophen Ludwig Wittgensteins an, welcher von vornherein frei von „ethnischer Fundiertheit und Homogenitätsansprüchen“ (Welsch 1995: 4) ist. Wittgenstein zufolge liege Kultur dort, wo eine geteilte Lebenspraxis bestehe (vgl. ebd.).

Wie es zu diesen kommt, zeigen die nächsten Kapitel. Das anschließende Kapitel schildert das Aufwachsen in mehreren Kulturen, das aufgrund hoher Mobilität und veränderlicher Einflüsse die Prägung zum Third Culture Kid bedingt und schließlich Transkulturalität hervorbringt.

2 Aufwachsen in mehreren Kulturen

> *„Living in a foreign country is like playing a game you've never played before and for which the rules haven't been explained very well. The challenge is to enjoy the game without missing too many plays, learning the rules and developing skills as you go along."*
>
> *(Kohls 2001: 131)*

Das Alter der mitausreisenden Kinder/Jugendlichen spielt, wie schon in der zugrunde liegenden Definition vermerkt, als „bedeutende[r] Teil [der] Entwicklungsjahre" (Pollock/Reken Van 2003: 31) eine wichtige Rolle bei der Prägung zu TCK. Während unpräzise angegeben ist, wie lange ein Kind außerhalb seines Passlandes leben muss, um die typischen TCK-Charakteristika auszubilden, ist die Anzahl der im Ausland verbrachten Jahre proportional zur Intensität der Drittkulturerfahrung und nachhaltigen Prägung.[30] Die Dimension und Bedeutung der Auslandsaufenthalte nehmen mit steigenden Lebensjahren des Kindes zu.

2.1 Mobilität während der prägenden Entwicklungsjahre

Altersspezifisch sind alle Reaktionen, die bei Kindern im Kontext der Mobilität auftreten. Allgemein lassen sich folgende Momente festhalten, bei denen das Alter des Kindes zum Tragen kommt: Zunächst ist das Einbeziehen von Kindern bei der Entscheidung für oder wider einen Auslandsaufenthalt stark altersabhängig. Das Informieren der Kinder von einem bevorstehenden Wegziehen sowie eine Partizipation der Kinder an Organisatorischen sollten abhängig vom Alter erfolgen. Ferner hängt die Möglichkeit einer (interkulturellen) Vorbereitung vom Alter des Kindes ab. Die Problematik der Anpassung im (neuen) Gastland wird ebenfalls vom Alter der Kinder bestimmt. Schließlich ist der Komplikationsgrad bei der Repatriation ins Heimatland extrem altersspezifisch.

30 Die Dauer muss „mehr sein, als ein zweiwöchiger oder auch zweimonatiger Sightseeing-Aufenthalt" (ebd.: 40).

Als essentiell zu erkennen gilt, dass TCK im Gegensatz zu ihren Eltern in einem Land aufwachsen, das nicht ihrem Heimatland entspricht.[31] Sie verlassen ihre Erstkultur in jungen Jahren und sind somit nicht, wie ihre Eltern, in einer Kultur gefestigt und sozialisiert. TCK befinden sich, und das ist nach Pollocks und Van Rekens Definition (s.o.) kennzeichnend für TCK, während der kulturellen Wechsel noch in ihren prägenden Entwicklungsjahren.
Brigitte Hild[32], Geschäftsführerin der Beratungsfirma *Going Global,* sagt, dass „über 60 Prozent" (Hild 2004 a: 11) aller aus Deutschland entsandten Paare bei der Auslandsentsendung Kinder haben.[33] Auf folgende Alterstruktur der mitausgereisten Kinder kommt das IFIM 2000 bei einer Befragung von weltweit 457 deutschen *Expatriate*-Familien:

31 Wichtig ist, dass auch Kinder, die das Land ihrer Eltern nie verlassen haben, TCK sein können, da sie dennoch in einer anderen Kultur aufwachsen. Beispiele sind Kinder, die in Reservaten in den USA, Kanada, Australien etc. aufwachsen, oder auch Soldatenkinder, die in der militärischen Subkultur innerhalb ihres Landes aber auf verschiedenen Militärbasen leben.

32 Hild lebte 13 Jahre mit ihrer Familie in China, Marokko, Finnland und Schweden und gründete 2000 in Kronberg/Deutschland die Online-Agentur (vgl. Fredershausen 2001).

33 Zuverlässige Zahlen und Erhebungen darüber, wie viele Deutsche im Ausland leben, finden sich in der Literatur nicht. Die Abteilung für Auslandsstatistik des Bundesamtes für Statistik nennt auf Nachfrage als Ursache hierfür Meldemodalitäten. Lediglich die Zahl der Wanderungen, d.h. der jährlichen Zu- und Fortzüge aus Deutschland werden vom Bundesamt für Statistik registriert. Die Zahl der Fortzüge Deutscher hat sich laut der Abteilung für Auslandsstatistik des Bundesamtes für Statistik, von 1975 bis 2004 von insgesamt 52.861 auf insgesamt 150.667 gut verdreifacht. Davon fallen im Jahr 2004 auf das europäische Ausland 78.835 Fortzüge und auf das außereuropäische Ausland 35.885 Fortzüge deutscher Personen (vgl. Bundeszentrale für Statistik 2006).

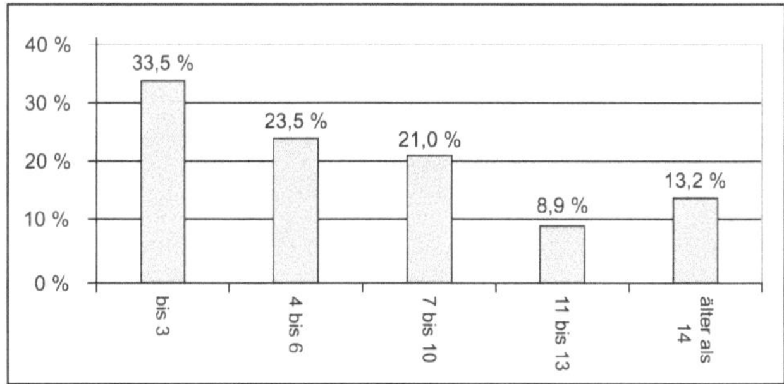

Abb. 1 Altersstruktur der mitausgereisten Kinder (Quelle: IFIM 2000).

Wie die Grafik zeigt, sind die meisten ausreisenden Kinder im Kleinkindalter. In diesem Alter ist die Ausreise, wie in diesem Kapitel noch deutlich wird, weitestgehend unproblematisch. Viele mitreisende Kinder sind, wie Abbildung 1 illustriert, im Alter von vier bis zehn Jahren. Die Expertin Hilly Van Swol-Ulbrich[34] spricht 2004 in einem Interview mit der Journalistin Karen Fagetti-Spirig von 45 Prozent der deutschen Familien, die Kinder im Alter von fünf bis zwölf Jahren haben (vgl. Fagetti-Spirig 2004).

Die Phase vom fünften bis zum zehnten Lebensjahr ist bei Auslandsaufenthalten besonders brisant, da sie entwicklungspsychologisch als sog. Latenzzeit gilt (vgl. Erdheim 1993: 177). In dieser werde, so der Ethnopsychoanalytiker Mario Erdheim in *Das Eigene und das Fremde* (1993) festgelegt, wie „man sich bewegt und verhält, welche Speisen man gut findet und vor welchen man sich zu ekeln hat, mit welchen Kindern man spielen darf und mit welchen nicht" (ebd.). Auch die „spezifischen Umgangsformen mit Objekten" (ebd.) werden in diesem Alter verinnerlicht. D.h., das Kind erweitert im Alter von fünf bis zehn Jahren seinen Lebensbereich, indem es sich mit seiner Außenwelt auseinandersetzt (vgl. Rotmann 1973: 87f.). Dabei lenkt und bestimmt, so Jaan Valsiner, die dominante, umgebende Kultur die Entwicklung jedes Kindes (vgl. Valsiner 1989: 4). Der Psychologe beschreibt in seinem Werk *Child Development in Cultural Context* (1989) die Wechselwirkungen mit den Worten:

34 Van Swol-Ulbrich lebte in den Niederlanden und Großbritannien bevor sie nach Deutschland zog. Nach insgesamt fünfzehn Umzügen gründete sie eine *Relocation*-Agentur und fünf Jahre später *ConsultUs* (vgl. Swol-Ulbrich van o.J. a/b/2002; ConsultUs o.J. a/b). Sie ist Expertin auf dem Gebiet kindgerechter Vorbereitung auf Auslandsaufenthalte.

> Organisms interact with their environments, and develop as a result of that interaction. ... [A]ny environment that the developing child encounters is organized culturally, and serves to regulate that child's psychological development (ebd.: 5).

Die gesteigerte Quantität sowie Qualität der Relokalisationen hat für Kinder zur Folge, dass die Wahrscheinlichkeit eines Kultur-/Länderwechsels während der Latenzphase um ein Vielfaches erhöht wird (vgl. Balakrishnan 1999; Brinkama/Daufenbach 2000: 3). Im hauptsächlichen Unterschied zu Erwachsenen findet bei TCK der Wechsel zwischen Kulturen also statt, bevor die Kinder „die ... Ausbildung einer eigenen persönlichen und kulturellen Identität bewältigt haben" (Pollock/Reken Van 2003: 51).[35] TCK haben oft bereits bei ihrem ersten Umzug ins Ausland nicht genug Zeit in ihrer Erstkultur verbracht, um (erst-)kulturspezifisch enkulturalisiert und sozialisiert zu sein. TCK werden aufgrund ihrer Mobilität mit veränderlichen Kulturen konfrontiert. Sie stehen, entwicklungspsychologisch stark vom kulturellen Umfeld geprägt, unter dem Einfluss verschiedener Kulturen, werden von eben diesen während der Entwicklungsjahre manipuliert und lebenslang begleitet. Die Enkulturation von TCK geht deshalb von einer kulturell veränderlichen, hochmobilen Welt aus und unterliegt einem Spannungsfeld von unterschiedlichsten kulturellen Einflüssen. Durch diese spezielle, kulturübergreifende Enkulturation und internationale Sozialisation werden TCK gleichzeitig von einer singulären, spezifischen Kultur „ent-kulturalisiert". Unabhängig von Erziehung, familiärer Kinderstube oder Nationalität erfahren TCK eine grundsätzlich andere Kindheit, Enkulturation und Sozialisation als ihre Eltern.

Wenn Eltern also die Entscheidung für Auslandsaufenthalte und einen mobilen Lebensstil treffen, versetzen sie ihre Kinder in kulturübergreifende Situationen und ziehen aufgrund dieser Entscheidung ihre Kinder als TCK groß. Im Gegensatz zu Erwachsenen ist der Auslandsaufenthalt für Kinder nicht „lediglich ein exotisches Intermezzo" (Brinkama/Daufenbach 2000: 37), sondern stellt eine lebenslang prägende, spezielle Erfahrung dar, die im folgenden Abschnitt konkretisiert wird.

35 Vgl. Kapitel 4.2, 4.3 sowie 5.2 dieser Arbeit zum Thema (kultureller) Identität bei TCK.

2.2 Relokalisation und Transition – Ein Leben im Übergang

Die Literatur beschäftigt sich statt mit den Umzugs- und Anpassungsproblemen von Kindern mit denen der Erwachsenen. Für diese werden Auslandsaufenthalte in idealtypischen Phasen beschrieben, die den Verlauf einer Auslandsentsendung in eine bestimmte Abfolge gliedern (vgl. Dülfer 2001: 549ff.). Diese betrifft in erster Linie den entsandten Mitarbeiter von Sponsororganisation (im Fall der TCK also ein Elternteil), wie die folgenden vier Abschnitte des „typischen" Auslandsaufenthaltes belegen: 1. Der Auswahl des zu entsendenden Mitarbeiters bzw. der Entscheidungsfindung des Mitarbeiters, sich auf das Angebot eines Auslandsaufenthaltes einzulassen, folgt 2. die Vorbereitung dessen auf die Arbeit im Ausland und die Expatriation. Der Einsatz per se bildet 3. die Kernphase und wird durch die Repatriierung, 4., zeitlich begrenzt und im Heimatland des Mitarbeiters beendet (vgl. Gross 1994: 103).
Das Anpassungsmodell nach dem kanadischen Anthropologen Karlvero Oberg liefert vier idealtypische[36] Phasen, denen Erwachsenen bei einem Auslandsaufenthalt begegnen. Nach Oberg werden die Phasen *Honeymoon, Crisis, Recovery, Adjustment* (vgl. Kühlmann 1995: 6ff.) unterschieden.[37] D.h., Erwachsene entdecken das Neue zunächst mit Euphorie und Faszination und bewerten es als höchst positiv. Die Bezeichnung dieser Phase als Flitterwochen impliziert schon semantisch, dass Kinder hier nicht angesprochen oder berücksichtigt werden.

In der anschließenden Phase der Krise empfinden Erwachsene die Unterschiede zur Gastkultur als negativ. Die Krise äußert sich in Gefühlen der Unzulänglichkeit oder Verärgerung. Ferner gehören Irritation, Enttäuschung und Unsicherheit zu den bekannten Reaktionen, da

36 Da es sich um ein idealtypisches Modell handelt, weist es sowohl konzeptuell als auch methodisch Schwächen z.B. in Bezug auf Reihenfolge, Überspringen von Stufen, eindeutige Zuordnung, Dauer und Übergänge auf (vgl. Kühlmann 1995a: 8).

37 Die idealtypischen Phasen der Anpassung werden in der Literatur auch in Kurven beschrieben (vgl. Kim 1989: 278). Sverre Lysgaad gestaltete erstmals die sog. U-Kurvenhypothese, nach der jeder Phase der Anpassung eine Befindlichkeit zugeordnet wird. Somit drückt die U-Kurve die Zufriedenheit und den empfundenen Anpassungserfolg während des Auslandsaufenthaltes entlang der Zeitachse aus (vgl. Church 1983). Sie soll das Muster der emotionalen Veränderungen und Schwankungen, den „cross-cultural adaptive change" (Kim 1989: 278f.) illustrieren.

„der soziale Kompass für die Bewertung der Interaktion verloren gegangen ist" (Schröder-Kühn/Richter 2004: 123). Die Desorientierungen der Erwachsenen in diesem Veränderungsprozess, die auch als *culture fatigue* (Guthrie 1975: 97) beschrieben werden, finden die intensivste Form im Kulturschock[38] (vgl. Schroll-Machl 1999: 345; Gross 1994: 118).[39] Ist die Überwindung der Krise geglückt, folgt laut Oberg die Phase der Erholung. In dieser dritten Phase der Anpassung entwickelt sich die Einstellung gegenüber dem Gastland positiv und die Beziehungen zu ihm werden intensiviert. Damit sind die Eingewöhnung und Eingliederung auf psychologischer Ebene sowie die Adaption an die örtlichen Gegebenheiten gemeint, die kumulativ und progressiv erfolgen (vgl. Cheung et al. 1975: 98). Mit zunehmendem Grad der Anpassung integrieren sich die Betroffenen in das Gastland.[40]

2.2.1 Die vergessenen Kinder – Das „private Problem" der Eltern

Festzuhalten ist, dass diese und weitere Modelle (vgl. Kühlmann 1995 a/b) den Erfahrungen von Erwachsenen entsprechen und aus Sicht eines Mitarbeiters gelten. Sie vergessen die mitreisenden Kinder (vgl. Schröder 1995: 149; Stahl 1995: 33ff.). Die Phasen mit den entsprechenden Stimmungen und Gesinnungen der Eltern fungieren für die mitausreisenden Kindern lediglich als familiärer Bezugsrahmen, denn, wenn ihre Eltern die genannten Phasen durchlaufen, spüren die Kinder das Befinden der Eltern. Wie Hild schreibt, orientieren sich vor allem jüngere Kinder an ihren Eltern als engste Bezugspersonen und nehmen deren Einstellungen und Spannungen wahr (vgl. Hild 2004: 52). So tangieren diese Modelle die Kinder – wenn auch indirekter als

38 Die Anthropologin Cora Dubois, erste weibliche Angestellte am *Anthropology Department* der *Harvard University*, prägte den Begriff des Kulturschocks bereits 1951. Oberg macht ihn allerdings 1960 in einem Artikel in *Practical Anthropolgy* als „anxiety that results from losing all of our familiar signs and symbols of social intercourse" (Milstein 2005: 220) populär (vgl. Cox 2004: 203).

39 Die Beschaffenheit des Kulturschocks bei Kindern ist Thema des Gliederungspunktes 2.3 dieser Arbeit.

40 Eine interessante Studie von Geoffrey Navara des *Department of Family Relations* der *Universiy of Guelph* in Kanada und seiner Kollegin Susan James von der *University of British Columbia*, Kanada et al. untersucht „Acculturative stress of missionaries" mit dem Ansatz: „Does religious orientation affect religious coping and adjustment?" bei 26 Missionaren in Übersee (vgl. Nevara et al. 2005: 39).

ihre Eltern, die in einer Kultur sozialisiert und in ihrer Identität gefestigt sind – , entsprechen aber nicht der kindlichen Wahrnehmung.

Kindern wird in Folge der beruflichen Entscheidungen der Eltern, ins Ausland zu gehen, bei einer professionellen Vorbereitung, Betreuung und Unterstützung wenig Rechnung getragen.[41] Van Swol-Ulbrich, die seit über zehn Jahren diesen Mangel erkennt und als Geschäftsführerin der interkulturellen Beratungsfirma *ConsultUs* GmbH kindgerechte Programme für mitausreisende Kinder entwickelt, unterstreicht diesen Zustand:

> Wenn Familien ins Ausland gehen, werden die Erwachsenen meistens auf die neue Situation vorbereitet. Doch die Kinder, für die ja die Entscheidung der Eltern für den Auslandseinsatz ebenfalls ganz massive Veränderungen, Fragen und Ängste mit sich bringt, werden vor allem in der Zeit vor der Ausreise in eine passive Rolle gedrängt (ConsultUs o.J.b: online).

D.h., während die Eltern mittlerweile mit interkulturellen Trainings, sprachlicher Ausbildung, Landeskunde oder sog. „Look-and-See-Reisen" (Gross 2004: 112f.)[42] auf einen Auslandseinsatz „eingestimmt" werden, bleiben Kindern und Jugendlichen eine gezielte Vorbereitung, professionelle Begleitung oder Beistand größtenteils verwährt. Unterstützende Maßnahmen erfolgen selten und nicht auf professioneller Ebene.
Dies geschieht zum einen, weil die entsendenden Sponsororganisationen nicht bereit sind, die Kosten für die Vorbereitung von Kindern ihrer Mitarbeiter zu übernehmen (vgl. IFIM 2002 a), zum anderen wird bei Kindern von einer problemlosen Umstellung ausgegangen. Aus Sicht der entsendenden Organisationen wird die Familie oft als „privates Problem" (Gross 1994: 6) des Mitarbeiters betrachtet.[43] Zusätzlich

41 Der Psychoanalytiker für Kinder und Jugendliche Igor Haluszeczynski spricht bei einer Entscheidung für die Migration davon, dass zumindest jüngere Kinder „exiliert" (Haluszeczynski 2005: 131) werden.

42 Die Autorinnen Kalb und Welch erklären diese Reise als „a house-school-fact-finding mission for the employee and spouse" (Kalb/Welch 1992: 19) und geben inhaltliche und organisatorische Tipps für ein Fünf-Tage-Programm (vgl. ebd.: 22ff.).

43 Die Anpassungsfähig- und -willigkeit der mitausreisenden Familie ist jedoch ein kritischer Faktor für den Erfolg im Ausland. Die „Nichtanpassungsfähigkeit" (Gross 1994: 23) der Kinder und Ehepartner gilt als ei-

ist eine interkulturelle Vorbereitung von Kindern analog zu der von Erwachsenen „kaum möglich“ (ebd.), da die Trainingsmethoden[44] nicht den Bedürfnissen und der Erfahrungswelt von Kindern entsprechen (vgl. Swol-Ulbrich van o.J.b). Darüber hinaus gestaltet sich das Einstimmen auf künftig zu bewältigende Situationen bei Kindern aus zwei altersbedingten Gründen als schwierig: Zum einen fehlen jüngeren Kindern die Fähigkeit und Bereitschaft, sich gedanklich und abstrahierend auf eine Situation einzustellen, die nicht unmittelbar vor ihnen liegt. Zum anderen können sie aus Beispielsituationen keine Schlussfolgerungen für eine konkrete Situation ziehen. Das IFIM äußert deshalb: „Kinder darauf ‚vorzubereiten', wie sie in einer amerikanischen Grundschule Kontakte mit amerikanischen Kindern aufbauen können, oder Kinder auf dem Umgang mit der Hausangestellten in Brasilien ‚vorzubereiten', mag zwar sehr wünschenswert erscheinen, aber es ist erst bei Jugendlichen möglich“ (IFIM 2002 a: online).

Trotz aller Schwierigkeit, kindgerechte Unterstützung zu leisten, sollte m.E. die Notwendigkeit einer solchen – auch bereits im Kleinkindalter, aber vor allem in der Latenzphase – nicht verkannt werden. Van Swol-Ulbrich betont: „Der Mythos vom flexiblen Kind stimmt nicht“ (Fagetti-Spirig 2004: online). Kinder stellen sich keinesfalls spielerisch um oder fügen sich problemlos ein (vgl. Swol-Ulbrich van o.J.b). Diese Aussage belegt die Notwendigkeit von kindgerechter Betreuung. Die

---

ner der Hauptgründe für das Scheitern eines Auslandseinsatzes (vgl. Tung 1981: 67-78; Stahl 1995: 41). Das Scheitern eines Auslandseinsatzes kann zu einem vorzeitigen Abbruch führen. Unter Misserfolgen werden besonders finanzielle Schäden für die Unternehmen verstanden. Bei der Entsendung von Mitarbeitern mit Familien liegen die Kosten für das entsendende Unternehmen bis zu dreimal höher als bei einem Mitarbeiter in Deutschland: „Beispielsweise kostet ein verheirateter Mann mit zwei Kindern, der in Deutschland 75000 Euro verdient (zuzüglich 11300 Euro Arbeitgeberanteil zur Sozialversicherung), bei einem Auslandsatz in New York oder Tokyo bis zu 250000 Euro“ (Ernst & Young 2003: online). Jeder Fehlschlag sorgt bei dem Unternehmen für einen Schaden von geschätzten 250000 bis 1 Millionen US-Dollar an (vgl. Stubbe 2005: 239f.). Mit dem Erfolg eines Auslandseinsatzes ist die berufliche Aufgabenerfüllung im Sinne der Sponsororganisationen gemeint. Petra Gross zählt zu dem Erfolg auch das Wohlbefinden der mitausgereisten Familie (Gross 1994: 87). Vgl. auch IFIM 2005 a, wo für die Einbeziehung der Partner bei Vorbereitungsseminaren plädiert wird sowie Hild 2004 b.

44 Zur Einsicht in interkulturelle Trainingsmethoden vgl. IFIM o.J.b. Für Ziele und Inhalte vgl. Schroll-Machl 1999. Speziell zu ethnisch-normativen Problemen bei interkulturellen Trainings siehe Winter 1994.

folgenden Ausführungen beleuchten Auswirkungen (wiederholter) Relokalisationen auf die Kinder.

Ein wesentlicher Faktor im Leben der meisten TCK ist die hohe Mobilität, die von der hohen Frequenz der familiären Umzüge gefordert wird. Die äußerst geringe Ortsgebundenheit fasst folgende Metapher treffend zusammen:

> Nomadic children are like epiphytes, plants that live on the moisture and nutrients in the air, blown in the wind and propped impermanently in host trees (Eidse/Sichel 2004: 1).

Aufgrund der hohen Mobilität durchleben TCK charakteristischerweise mehrere Relokalisationen hintereinander, wodurch sie nicht nur wiederholt neue Länder betreten, sondern sich auch „die ganze kulturelle Welt, in der sie leben ... dramatisch mit einer einzigen Flugreise“ (Pollock/Reken Van 2003: 51) verändert.[45] Folglich gehören Veränderungen, Umbrüche, Übergänge und Wechsel zum Nomaden-Dasein der TCK. Diese bilden paradoxerweise, wie die Expertinnen Barbara Schaetti und Sheila Ramsey im folgenden Zitat formulieren, eine Konstante im Leben der TCK:[46]

> Change is one of the few constants in the lives of internationally mobile children, whether they are moving themselves or their friends are coming and going while they remain relatively stable (Ramsey/Schaetti 1999 c: online).

45 „Dschungelkind“ Kuegler schreibt hierzu: „Ich bin in der Steinzeit aufgewachsen, und innerhalb von 24 Stunden wurde ich mit den Errungenschaften der modernen Welt konfrontiert“ (Kuegler 2005 b: online).

46 Als Kommunikationswissenschaftlerin und Anthropologin ist Sheila Ramsey international renommiert für ihre Arbeit im Feld der Interkulturellen Beziehungen mit Schwerpunkt auf japanischen und amerikanischen Kommunikationsstilen. Barbara Schaetti ist die international anerkannteste Expertin auf dem Gebiet der Betreuung von *Expat*-Familien. Schaetti selbst wuchs als Missionarstochter in zehn Ländern auf fünf Kontinenten auf und zog bis zum Alter von 22 zwölf Mal international um. Schaetti hat ihrern Ph.D. in *Intercultural Communication* mit dem Schwerpunkt *cultural identity development*, einen M.A. in *Intercultural Conflict Resolution*, und einen B.A. in *International Political Science.* Heute ist sie Gründerin und Direktorin von *transition dynamics*, einer Beratungsstelle für international mobile Menschen (vgl. Ramsey/Schaetti 1999 a-c).

2.2.2 Die fünf Schritte der Relokalisation

Dies bedeutet für die Kinder, dass sie wiederholt mit Vorbereitungen, Verabschiedungen und Versuchen der Anpassung konfrontiert sind. Im Kontext der hohen Mobilität machen TCK bei jedem Ortswechsel (und/oder im Zuge der Mobilität von Freunden/Bezugspersonen und somit der ständigen Rotation von Einflüssen) typische, prozessartige Übergangserfahrungen. Pollock und Van Reken (2003) liefern hierfür folgende fünf Stadien des Übergangsprozesses, die, im Gegensatz zu den vorangestellten Modellen, TCK-signifikant sind:

1. Eingebundenheit
2. Abschied[47]
3. Übergang
4. Eintritt
5. Wiedereinbindung

(Pollock/Reken Van 2003: 75).[48]

In allen fünf Phasen werden der soziale Status, die soziale Haltung und die spezifische psychologische Erfahrung beleuchtet. Im Folgenden werden zudem die kinderspezifischen Schwierigkeiten und Bedeutungen deutlich, sodass die Stadien umfangreich dargestellt werden.

2.2.2.1 Eingebundenheit

Im Stadium der Eingebundenheit fühlen sich die Kinder/Jugendlichen ihrem Umfeld zugehörig. Sie werden von diesem als Teil der Gemeinschaft anerkannt. Die Menschen um die Betroffenen herum sind mit

47 Diese Phase wird im Englischen mit „leaving stage“ (Rader/Harris Sittig 2003: 41) betitelt. Bei der Übersetzung von „Abschied“ zu sprechen ist m.E. nicht ausreichend. Vielmehr beinhaltet diese Phase auch die Vorbereitungen auf den Umzug, das Umziehen an sich. Es geht ferner um die Ausreise, um das Fortziehen/Weggehen ebenso wie die Verabschiedung und den Abschied per se. Im Folgenden wird zunächst die Vorbereitung für den Auslandsaufenthalt und die altersspezifischen Reaktionen auf den Umzug beleuchtet, da diese Phase wesentlichen Unterstützungsbedarf bei Kindern betont.

48 In Anlehnung an dieses Modell entwickeln die Pädagoginnen Debra Rader und Linda Harris Sittig für internationale Schulen das ADAPT-Modell, um Kindern gezielt die Transition und deren Bedeutung nahe zu bringen. Dieses Modell hebt die implizierten Emotionen und Assoziationen der betroffenen Kinder heraus und verdeutlicht m.E. dadurch anschaulich den subjektiven Prozess mit seinen Sorgen und Ängsten und gleichzeitig die Allgemeingültigkeit dieser Gefühle bei Kindern in Transition (vgl. Rader/Harris Sittig 2003: 44f.).

ihm/ihr vertraut, kennen den Ruf, die Vorgeschichte, Begabungen und Geschmack. So involviert fühlt der Betroffene sich von seinem Umfeld akzeptiert. Intimität und Vertrautheit schaffen dabei ein Gefühl von Sicherheit. Sobald der Umzug bevorsteht, verändert sich der Zustand. Deshalb raten Experten die Kinder zunächst von der Entscheidungsfindung für oder gegen einen Auslandsaufenthalt auszuschließen.[49] Erst nach überzeugtem Entschluss für einen Umzug sollten Eltern das Kind abhängig vom Alter in ihr Vorhaben einbeziehen (vgl. Gross 1994: 136f.; Kalb/Welch 1992: 12).[50]

2.2.2.2 Abschied

Das zweite Stadium, der Abschied, beginnt für die betroffenen Kinder mit der Mitteilung des bevorstehenden Umzugs durch die Eltern. Als äußerst hilfreich erachte ich in diesem Zusammenhang den Aufsatz *Concerns for Children* (1999) der Autorin Beverly Roman[51], der altersspezifische Bedürfnisse der Kinder beschreibt und Eltern unterstützt, Kinder „richtig“ von dem Umzug in Kenntnis zu setzen, sie darauf vorzubreiten und dabei zu betreuen.

---

49 Von einer Ausreise mit Kindern raten Experten ab, wenn z.B. die Auslandsstandorte nicht „familientauglich“ sind. Medizinische Versorgung, Hygienevoraussetzungen und Infrastruktur sollten auch in Entwicklungs- und Schwellenländern ausreichend gewährleistet sein. Problematisch werde das, so die Experten Brinkama und Daufenbach, bei Orten mit extrem hoher Kriminalität, da „ausländisch aussehende Kinder Opfer krimineller Akte werden können“ (Brinkama/Daufenbach 2000: 6). Schwierig sind Orte mit hoher Kriminalität, auch weil die Eltern ihre Kinder in erhöhtem Maße beobachten oder begleiten müssen, sodass die Kinder in einem „goldenen Käfig“ (ebd.). aufwachsen. Zusätzlich müsse, so Kalb und Welch in ihrem Ratgeber *Moving Your Family Overseas* (1992), im Fall von medizinischen Problemen, physischen Behinderungen und Lernbehinderung diesen Bedürfnissen und speziellen Ansprüchen auch im Gastland Rechnung getragen werden können (vgl. Kalb/Welch 1992: 4). Ferner solle von einem Auslandseinsatz abgesehen werden, wenn die Ehe instabil ist, emotionale Instabilität oder Depressionen diagnostiziert sind (vgl. ebd.: 9).

50 Pollock und Van Reken raten Eltern zu folgenden Überlegungen: Welche Bedürfnisse müssen unabhängig vom Wohnort befriedigt werden? Wie wird sich der Umzug auf bestehende familiäre Muster und Beziehungen auswirken (erweiterte Familie, Freunde, Gemeinde entfallen nun bei der Kindererziehung)? Sind beide Ehepartner für den Umzug? Wie kommen die Familienmitglieder mit Stress zurecht? (vgl. Pollock/Reken Van 2003: 207ff.).

51 Roman ist mit 20 Büchern zum Thema Umzug/Transition/Abschied für Kinder Expertin auf dem Feld der Relokalisation. Sie selbst ist als Ehefrau eines *naval officers* achtzehn Mal umgezogen (vgl. Roman 1999/2004/2005).

Bei der Einbeziehung von Kindern in das Umzugsvorhaben ist zu beachten, dass Kleinkinder noch stark an ihr direktes Umfeld gebunden sind.[52] Bis etwa zum Grundschulalter der Kinder ist zu beachten, dass das Ausmaß des Entschlusses für einen Auslandseinsatz aus verschiedenen Gründen noch nicht begreifen: Kleine Kinder sind noch nicht in der Lage, ihre Unsicherheiten zu verbalisieren (vgl. Hild 2004 b: 51). Außerdem fehlt Kleinkindern die Fähigkeit, den Umzug zeitlich einzuschätzen, denn sie begreifen die Dauer eines Auslandsaufenthaltes noch nicht und sind unfähig, den prozesshaften Charakter ihrer Abwesenheit zu verstehen. Zusätzlichen können sie den Umzug nicht geographisch konzipieren (vgl. ebd.: 78). Judith Blohm, Autorin des Spiel- und Bastel-Kinderbuchs *Where in the World Are You Going?* (1996) empfiehlt deshalb, Kinder unter fünf Jahren durch Rollenspiele mit Puppen bzw. Kuscheltieren auf den Umzug, den Abschied und das Ankommen im neuen Land vorzubereiten (vgl. Blohm 1996: 62).[53] An Kinder im Alter von acht bis zehn Jahren richten sich die interaktiven Kindersachbücher *Andere Länder, andere Kinder. Dein Auslandsumzug mit Ori* (2002) von Van Swol-Ulbrich und ihrer Kollegin Bettina Kaltenhäuser sowie Romans *Let's Move Overseas* (2006), in denen kreativ zum Hinterfragen, Überdenken und Vorbereiten aufgefordert wird, sodass die Vorbereitung kindgerecht erfolgen kann.[54]

52 Kinder in diesem Alter können sich während der Vorbereitungen auf den Ortswechsel, so die Expertin Roman, z.B. von Möbelpackern, die ihre persönlichen Gegenstände ihrer „Kinderwelt" wie das Kinderbett oder Spielsachen in Umzugkartons bzw. Container verpacken und ihnen „wegnehmen", bedroht fühlen. In dieser Phase ist es ratsam, die Kinder in das Packen einzubeziehen, um sie zu beschäftigen und teilhaben zu lassen. Eine Kiste mit „Lieblingssachen" zu packen, die sie auch während der Reise in das neue Land begleitet, ist sinnvoll, um Verlustängste und Unsicherheit zu vermeiden (vgl. Roman 1999).

53 Empfehlenswert ist hier auch das Kinderbuch „*Why Do We Have To Move?! Helping Your Child Adjust – with Love and Illustrations* (1996) von Cynthia MacGregor wie auch Frank Aschs *Goodbye House* (1998), die sich allerdings nur auf nationale Umzüge beziehen.

54 Die Autorinnen zählen zu den Umzugsvorbereitungen neben Aufgaben, Geschenken oder Gutscheinen auch die Vorbereitung einer Abschiedsparty und das Lesen von Kinderbüchern, die von Reisen handeln (Die Literatur möchte ich um die Werke *Kinder Aus Aller Welt. Unsere Lieblingsgeschichten* (Gavin 1998) und das terre-des-hommes-Buch *United Kids. Spiel- und Aktionsbuch. Eine Welt* (Schweizer 2002) ergänzen.) Lieblingsprodukte (wie Lebensmittel oder Pflegeprodukte) sollten auf Vorrat mitgenommen werden. Außerdem sollte bei schulpflichtigen Kindern der neue Klassenlehrer kontaktiert werden (vgl. Swol-Ulbrich van 2002: 96).

Zur Vorbereitung auf einen Ortswechsel brauchen ältere Kinder mehr Zeit. Sie können sowohl enthusiastisch als auch verärgert reagieren, denn im Gegensatz zu Jüngeren, sind sie in der Lage ihre Gefühle verbal zu kommunizieren und ihre Ängste im Zusammenhang mit ihrer neuen Lebenssituation in Worte zu fassen. Die Psychologin Rosalind Kalb, die als Mitausreisende in Japan und Hongkong lebte, und ihre Co-Autorin Penelope Welch berichten von verbalen Vorwürfen und häufigen Schuldzuweisungen der älteren Kinder an ihre Eltern, wenn sie mit einem Umzug konfrontiert werden (vgl. Kalb/Welch 2992: 12).[55] Zwar liegen viele der zentralen Faktoren für die Vorfreude, reibungslose Eingliederung und positive Auslandserfahrung der Kinder im Gastland wesentlich im Einflussbereich der Eltern (vgl. Gross 1994: 200), doch generell sind auch die Reaktionen aus dem Umfeld für Kinder für die eigene Einstellung gegenüber dem Umzug ausschlaggebend.[56]

Bei einer bevorstehenden Ausreise in ein anderes Land unterscheiden sich Hoffnungen und Ängste von Kindern und Eltern. Befragungen des IFIM zeigen, dass für Kinder/Jugendliche die sozialen Kontakte deutlich an erster Stelle der Sorgen rangieren (vgl. Brinkama/Daufenbach 2000: 19). Zu den Befürchtungen der älteren Kinder gehört im Wesentlichen die Angst, keinen Anschluss oder Anerkennung zu finden und als „der oder die Neue“ von der gewünschten *peer group* ausgegrenzt zu werden (vgl. ebd.). Grundschulkinder beunruhigen bspw. Details wie den Weg nach Hause zu finden, den Klassenraum in der Schule suchen zu müssen oder die örtlichen Verkehrsmittel richtig zu nutzen (vgl. Roman 1999).
Im Gegensatz dazu sind die häufigsten Sorgen der Eltern, dass sich das Kind in schulischen Leistungen verschlechtern könnte. Diese Bedenken sind berechtigt, da in der Regel die schulischen Leistungen des Kin-

55 Die Autorinnen gestehen Kindern das Recht zu, traurig oder verärgert über Veränderungen in ihrem Leben, die sie nicht beeinflussen können, zu sein. Sie „warnen” Eltern vor den Reaktionen der Kinder: „They may excuse you of torture, cruelty, insensitivity, lack of love and tyrannical control” (Kalb/Welch 1992: 12).

56 Da ältere Kinder zusätzlich andere Personen aus ihrem Umfeld auf deren Einstellung zum Umzug ins Ausland „überprüfen“, wird Eltern geraten, Einflussnehmende (Familienangehörige, Freunde oder Lehrer) in das Vorhaben einzuspannen. Die Bezugspersonen der Kinder sollten das neue Land in ihren Äußerungen niemals abwerten und den Kindern gleichzeitig immer signalisieren, dass für alle Beteiligten der Umzug mit Ungewissheit verbunden ist, dem aber mit Neugier und Offenheit zu begegnen ist. Diese Haltung übertrage sich, so die Experten, dann auch auf die Kinder (vgl. Brinkama/Daufenbach 2000: 8).

des vorübergehend nachlassen und weil Erfahrungen zeigen, dass Kinder durchschnittlich ca. sechs Monate brauchen, um sich in der neuen Schule zurechtzufinden (vgl. Hild 2004: 52). Dennoch überschneiden sich die Befürchtungen von Eltern nach der schulischen Entwicklung des Kindes kaum mit den Bedenken und Ängsten der Kinder, bei denen es im Wesentlichen um Kontakt- und Beschäftigungsmöglichkeiten am neuen Ort geht (vgl. Brinkama/Daufenbach 2000: 7; Schröder-Kühn/Richter 2004: 72; ConsultUs o. J. a). Eltern können – mitten in den Vorbereitungen für den Umzug steckend – mit den Bedenken und Bedürfnissen ihrer Kinder oftmals überfordert sein, sodass die Ängste oder Befürchtungen der Kinder heruntergespielt werden. Auch werden die Probleme der Kinder verleugnet, wenn die Selbstwahrnehmung der Eltern auf das Kind projiziert werde (vgl. Swol-Ulbrich van o.J.a/b).[57] Bei der kindgerechten Vorbereitung von Kindern auf ein neues Umfeld sei es, so die „mini-Expat-Beraterin" (ConsultUs o.J.a) Van Swol-Ulbrich essentiell, Bezüge zur Erfahrungswelt der Kinder herzustellen, ihre Befindlichkeiten aufzugreifen und Unsicherheiten ernst zu nehmen. Wesentlich ist, bei den Kindern Neugier über alle Sinne zu wecken (vgl. Swol-Ulbrich van o.J. a/b, 2002; ConsultUs o.J. a/b).[58] Zum Vorlauf des Auslandsaufenthaltes gehört entscheidend der Abschied vom derzeitigen Ort. „Ort" meint hier die Gesamtheit der mit einem geographischen Standort, einem physischen Platz zusammenhängenden Bedeutungen und Erfahrungen, also auch die zugehörigen kulturbedingten, emotionalen Faktoren und Beziehungen.[59]

Während der Abschiedsphase erhalten die Betroffenen oftmals viel Aufmerksamkeit, geraten aber schnell in einen unbewussten Abschiedsprozess. Dann distanzieren sie sich von Mitmenschen, lösen die Bindungen und entfernen sich bereits vor der eigentlichen Ausreise. Üblich ist es in diesem Stadium auch, Konflikte zu provozieren, um die Absonderung zu vereinfachen (vgl. Rader/Harris Sittig 2003: 42). Dies führt oftmals zu Zurückweisungen und Verärgerungen. Rückzü-

---

57 Van Swol-Ulbrich zitiert Eltern: „Alles halb so schlimm, unsere Isabel ist ein aufgewecktes Mädchen, sehr flexibel und diese Auslandserfahrung wird eine Bereicherung sein" (ConsultUs o. J. a).

58 Dies erreicht van Swol-Ulbirch in speziell entwickelter Projektarbeit, mit interaktiven Elementen wie Rollenspielen, Multimedia-Aufgaben oder Kunstideen, Schatzsuche im Freien oder Mittagessen in einem (gast-)landestypischen Restaurant.

59 Der Kinder- und Psychoanalytiker Yecheskiel Cohen unterteilt Migration in die Vorgänge der Loslösung von einem Ort und in den Übergang zu einem anderen Ort (vgl. Cohen 2005: 17).

ge und Verwerfung von sozialen Bindungen sind bei TCK häufig, um mit Verlust, Trauer und Abschied „schmerzfreier“ umzugehen. Schaetti schreibt: „For multi-movers especially, not feeling feelings can become a survival skill“ (Schaetti 1996: online).
Um Kinder beim Fortgehen zu unterstützen, entwickelte Pollock das sog. RAFT-Modell, das als „Floß“ hilft, die Stadien zu überbrücken, und das folgende vier Schlüsselelemente für den „richtigen Abschied“ (Roman 2004: online) impliziert:

- **R** econciliation
- **A** ffirmation
- **F** arewells
- **T** hink ahead

(vgl. Rader/Harris Sittig 2002: 115; Roman 2005: 77f.).

D.h., damit der Umzug für Kinder/Jugendliche erleichtert wird, sollten sie ihre Konflikte klären, sich versöhnen und aussprechen. Wesentlich ist die Beteuerung und Bestätigung von Freundschaften vor dem Weggehen und die Verabschiedung an sich.[60] Zusätzlich hilft ein positives, zuversichtliches Vorausschauen, den Abschied zu gestalten. In der deutschen Version *Third Culture Kids – Aufwachsen in mehreren Kulturen* (2003) sprechen Pollock und Van Reken vom RAFT-Modell als die „vier Vs“ (Pollock/Reken Van 2003: 223ff.), also von Versöhnung, Verbundenheit, Verabschieden, Vorausdenken.

Das Vorausdenken impliziert, Gemeinsamkeiten zwischen den Wohnorten aufzuzeigen und die Kontinuitäten im Alltag der Kinder hervorzuheben, um ihnen Sicherheit zu vermitteln. Van Swol-Ulbrich und Kaltenhäuser unterstützen in ihrem Kindersachbuch diesen Ansatz mit der Frage „Was bleibt gleich in Deinem [sic] Leben – egal, wo Du [sic] bist?“ (Swol-Ulbrich van/Kaltenhäuser 2002: 64). Gleichzeitig müssen Unterschiede zwischen dem Heimatland (oder dem momentanen Gastland) und der neuen Gastkultur bereits vor der Ankunft im Gastland erkannt und akzeptieren werden. Veränderungen sollten nicht als bedrohlich erlebt und „böse Überraschungen“ (ebd: 61) vermieden werden, indem die Kinder sich bereits im Vorfeld fragen sollen „Was wird anders?“ (ebd.). Was anders wird, zeigt sich mit Eintritt in das dritte Stadium:

60 Ein „richtiger Abschied“ soll, so sagen van Swol-Ulbrich und Kaltenhäuser, ebenso für Haustiere gelten, die zurückgelassen werden (vg. Swol-Ulbrich van/Kaltenhäuser 2002: 97).

2.2.2.3 Übergang

Das dritte Stadium – der Übergang per se – beginnt, wenn ein Ort verlassen wird. Bei der Expatriation, dem Umzug von der Erstkultur in ein fremdes[61] Gastland, wird meist der geordnete und vertraute Alltag in einem der „reichen westlichen Industrieländer gegen das Leben in einem unbekannten, nicht selten armen Land oder einer ebenfalls weitgehend unbekannten Industrienation eingetauscht" (Schröder-Kühn/ Richter 2004: 9). Dadurch ergeben sich bei der Ausreise mit Kindern und deren hygienischen Ernährungs- und Ausbildungs-Bedürfnisse zusätzliche Probleme (vgl. Dülfer 2001: 545) aber auch Vorteile.[62]
In der Übergangsphase ist eine „Neuorganisation der Person-Umwelt-Bezüge" (Kühlmann 1995a: 5) gefordert. Nicht nur müssen die Betroffenen neue Antworten auf die Fragen „wie, was, wann, wo?" finden, sondern sich mit dem „wie?" auseinander setzen (vgl. Swol-Ulbrich van o.J.a). Der Psychologe Torsten Kühlmann setzt diese „subjektiv bedeutsame[n] Veränderungen der Lebenssituation" (ebd.) in einen psycho-sozialen Kontext und spricht von der sog. Transition. Diese komme einem „kritischen Lebensereignis" (ebd.) nahe. Die Transition ist von Unsicherheit, neuen Begegnungen, Eindrücken und Erfahrungen gezeichnet und wird von Stress und Chaos dominiert. Die Verunsicherung, Überforderung und Verwirrung provozieren Selbstzweifel, mangelnde Kontrolle und Handlungsunfähigkeit. Die Verluste von Stabilität, Kontinuität, Geborgenheit und Gewohnheit werden hier offenkundig und dadurch intensiviert, dass die Betroffenen bei Ankunft im Gastland oftmals noch einige Wochen im Hotel wohnen, wo sie von unpersönlichen Gegenständen umgeben sind (vgl. Schaetti 1996).[63]

61 Fremd oder unbekannt ist keine Qualität, sondern eine Zuschreibung, die ein Verhältnis festlegt. Das Fremde wird erst dann deutlich, wenn es im Gegensatz zum Vertrauten steht (vgl. Stadler 1994: 90). D.h. Der Begriff der „Fremdheit bezeichnet eine Differenzrelation" (Bargatzky 1993: 219). Dabei ist „fremd .. relativ zum Standpunkt des Betrachters und graduell verschieden" (Stubbe 2005: 165).

62 Die Diplom-Pädagogin Bärbel Schmid sieht letztere in Bezug auf die Wohn- und Klimaverhältnisse, die besonders Kleinkindern entgegenkommen (vgl. Bittner/Reisch 1993: 55).

63 Schaetti misst deswegen „sacred objects" (ebd.: online) große Bedeutung bei – die persönlichen Gegenstände (wie Tischdecken, Kuschelkissen o.ä.) sollten als Handgepäck mit genommen werden, können bereits im Hotel für Geborgenheit sorgen und sollten nicht erst Wochen nach der Ankunft im Container auftauchen Den Prozess, ein Zuhause zu schaffen, beschreibt Sara Ahmed (2003) als *homing*: „Homing .. depends on the reclaiming and reprocessing of habits, objects, names and histories that have been uprooted" (Ahmed 2003: 9).

2.2.2.4 Eintritt

Der Eintritt in ein Gastland nimmt zweifelsohne großen Einfluss auf die persönlichen Lebensbereiche. Das Ausmaß an Veränderungen zeigt sich in diesem vierten Stadium in der veränderten objektiven Kultur – d.h., dem Offensichtlichen wie Infrastruktur, Verkehrsmittel, Werkzeuge etc. (vgl. Großmann 1993: 54f.) – sowie in der subjektiven Kultur. Diese beinhaltet „learned and shared patterns of beliefs, behaviours, and values of groups of interacting people" (Bennett 1998: 3). Die subjektive Kultur umfasst demnach u.a. Normen, Wertesysteme, Glauben, Rollenverständnisse oder Gesetze und kann sich bei einem Wechsel des sozialen und nicht-sozialen Umfeldes stark von der Kultur der Menschen des Gastlandes unterscheiden, sodass sie zur eigentlichen Herausforderung in der interkulturellen Begegnung wird.[64] D.h., ein Umzug in eine andere Kultur stellt die Kinder vor neuartige, alltägliche Anforderungen und konfrontiert die Ausreisenden schließlich mit Formen unterschiedlicher Kulturstandards[65], d.h. Differenzen im Orientierungssystem des Wahrnehmens, Denkens, Fühlens, Wertens oder Verhaltens und in Symbolsystemen,[66] die von der bisherigen „Welt der

64 An dieser Stelle sei auf Pierre Bourdieus Konzept des Habitus hingewiesen, das als ein „System verinnerlichter Muster" definiert wird, „die es erlauben, alle typischen Gedanken, Wahrnehmungen und Handlungen einer Kultur zu erzeugen" (Bourdieu 1974: 143). Der Habitus bestimme unser Handeln und „ermöglicht .. als Instrument der praktischen Erkenntnis, sich unmittelbar und gleichsam unbewußt [sic] dem im Wandel begriffenen Kontext anzupassen"(Jurt 2004: 213). Vgl. auch Triandis 1975: 94 zur subjektiven Kultur.

65 Der interkulturelle Psychologe Alexander Thomas beschreibt Kulturstandards als „zentrale Merkmale des kulturspezifischen Orientierungssystems", als „alle Arten des Wahrnehmens, Denkens, Wertens, Handelns, die von der Mehrzahl der Mitglieder einer bestimmten Kultur für sich persönlich und andere als normal, selbstverständlich, typisch und verbindlich angesehen werden", auf deren Grundlage „eigenes und fremdes Verhalten beurteilt und reguliert wird" (Thomas 1993: 381). Vgl. hierzu auch den Text *Kulturstandards als Mittel der Selbst- und Fremdreflexion in interkulturellen Begegnungen* (1996) des Psychologen und Geschäftsführers von Krewer*Consult*, Gesellschaft für Organisationsberatung und internationale Zusammenarbeit mbH Bernd Krewer (Krewer 1996).

66 Der Psychoanalytiker Dieter Bürgin versteht unter kulturspezifischen Symbolsystemen „eine traditionsbedingte Art und Weise des Miteinander-Lebens und Miteinander-Arbeitens" (Bürgin 2005: 57).

Selbstverständlichkeiten“ (Kühlmann 1995: 4) mit entsprechenden Kulturdimensionen[67] abweichen.
Die Konsequenzen dieser Abweichung führen üblicherweise zum einem Kulturschock, der als „grundsätzliche Erfahrung der physiologischen, psychologischen, sozialen und philosophischen Diskrepanzen zwischen der internalisierten kulturellen Disposition und den Werten der neuen kulturellen Umgebung“ (Barloewen von 1993: 302) gemacht wird. In wie weit diese Erfahrung auf Kinder zutrifft, die noch keine spezifische Kultur internalisiert haben, macht im Anschluss an die Abhandlung der letzen Phase des Übergangsprozesses und die Erläuterung von Bedeutung und Konsequenz dieser Erfahrung Abschnitt 2.3 deutlich.

2.2.2.5 Wiedereinbindung

Wenn die Aufenthaltsdauer an einem Ort es zulässt, kann der Zyklus des Übergangs vollständig durchlaufen werden und endet mit dem Stadium der Wiedereinbindung, bei dem Normalität und Alltag einkehren. In diesem fühlen sich die Betroffenen wohl und zugehörig zu ihrem Umfeld, von diesem gekannt und geschätzt. Durch die Wiedereinbindung erhalten sie Sicherheit und Bestätigung in der Gesellschaft, in der sie leben, lernen und spielen.
In der Konsequenz bedeutet dies für TCK Folgendes: Bezeichnenderweise wird TCK aufgrund ihrer hohen Mobilität diese Einbettung, die emotionale Zufriedenheit mit entsprechend ausgeprägter Identität nicht oft gewährt. Die psychische Stabilität, die Verankerung im „Hier und Jetzt“ und der Platz im sozialen Netzwerk setzen eine bestimmte Zeitspanne voraus, die an einem geographischen Ort verbracht werden muss. Das „Nomadenleben“ der *multi-movers* (Schaetti 1996: online) und damit einhergehende kurze Aufenthaltsperioden an einem Ort lassen die Eingebundenheit von TCK und ihren Familien nicht zu. TCK Schaetti erklärt in ihrem Artikel *Transition Programming in International Schools: An Emergent Mandate* (1996) das Dilemma anhand eines dreijährigen Relokalisations-Rhythmus'

> The well-known three-year expatriate cycle does not really allow for it [the involvement]: the first year you‘re in the confusion of arrival, the second year you‘re beginning to figure out how things work, the

67 Zu den vier Kulturdimensionen Hofstedes vgl. Stubbe 2005: 224; Hofstede 1992: 306ff.; Hofstede 2004: 9.

> third year — just as you're becoming involved — you get transferred on (ebd.).

Zusätzlich wird die eigene Mobilität ergänzt durch die Rotation innerhalb der *Expat*-Gemeinschaften, sodass die Summe des „Kommens und Gehens" (Pollock/Reken Van 203: 74) keine Kontinuität, soziale Intimität und Sicherheit zulässt. Aufgrund der hohen Mobilität und der zunehmenden Frequenz der Wechsel pendeln TCK nicht nur zwischen Kulturen hin und her, sondern können in chronischer Transition verharren. Ohne je psychische und physische Stabilität zu erleben, schließen einige TCK den Übergangsprozess nie ab. Sie bleiben während des gesamten Aufenthaltes in Transition, da sie sich mental und emotional nicht auf das neue Umfeld einlassen können/wollen, ihnen die Anpassungsschritte schwer fallen, oder sie mit der häufigen Relokalisation in kurzen Abständen überfordert sind (vgl. Rader/Harrris Sittig 2003: 42). Van Swol-Ulbrich spricht von dieser abwartenden Haltung und Weigerung, sich einzuleben, als häufig vorkommendes „Warteraum-Syndrom" (Fagetti-Spirig 2004: online). Hierbei warten nur auf den nächsten Wechsel oder „verschieben das Leben auf die Rückkehr ins Heimatland" (ebd). Petra Gross schließt in ihrer Dissertation *Die Integration der Familie beim Auslandseinsatz von Führungskräften* (1994) aus ihren zwei Studien im Ausland und in Zusammenarbeit mit deutschen Führungskräften der Entwicklungszusammenarbeit sogar, dass es „keine Ausnahme [ist], wenn Kinder am beruflichen Nomadentum ihrer Eltern zerbrechen" (Gross 1994:131).[68]

2.3 „Kulturschock" bei Kindern und Jugendlichen – Kurzfristige (Aus-) Wirkungen der Relokalisation

Ein Kulturschock kann vermeintlich nur Personen widerfahren, die in einer Kultur enkulturalisiert bzw. sozialisiert wurden und somit gefestigt ein eindeutiges Werte- und Normensystem vertreten. Bei Kindern wird deshalb von einer Anpassungsfähigkeit und Flexibilität ausgegan-

68 Gross befragte in ihrer empirischen Untersuchung 20 Unternehmen – darunter BASF AG, Bayrische Vereinsbank, Hochtief AG, Siemens AG, Dresdner Bank, Mercedes-Benz AG, Deutsche Bank, Metro International AG, Nestec Ltd, Schweizerische Bankgesellschaft, Bayer AG, Schweizerische Kreditanstalt, Hilti AG. Sie führte Interviews mit den Personalverantwortlichen der Unternehmen und befragte die mitausreisenden Partnerinnen schriftlich (vgl. Gross 1994: 151 ff.).

gen, sodass es vermeintlich kein Äquivalent gibt. Bei Kindern/Jugendlichen sind theoretisch signifikante oder gravierende Anzeichen eines für Erwachsene im Ausland typischen Kulturschocks seltener. Gleichwohl zeigen sie in der Praxis relevante Entwicklungsmerkmale und (Stress-)Reaktionen auf die Relokalisation, da auch für sie das stattfindet, was der Kulturanthropologe Edward T. Hall[69] in seinem Werk *Silent Language* (1990) als „removal or distortion of many of the familiar cues one encounters at home and the substitution for them of other cues which are strange" (Hall, Edwart T. 1990: 170) bezeichnet.

Die Auseinandersetzung mit der Mehrheitskultur entspricht im Ausland für alle Familienmitglieder der „Begegnung mit Verschiedenheit" (Stadler 1994: 166) und fordert vor allem Umstellung und Anpassung, also die Notwendigkeit, sich im eigenen Verhalten (in verbaler ebenso wie in nonverbaler Kommunikation) zu verändern.[70] Richard Brislin und Paul Pedersen von der *School of Education at Syacuse University* merken ergänzend an:

---

69 Edward T. Hall gilt als Gründer des Fachgebiets interkulturelle Kommunikation. In seinem Werk *The Silent Language* (1990) untersucht er den Einfluss von Kultur auf die menschlichen Verhaltensweisen und die Bedeutung nonverbalen Verhaltens (vgl. auch Laviziano 2005: 9; Roth/Roth 2001: 3; Asante/Gudykunst 1989: 7).

70 Die Autoren Alexandra Brinkama und Rolf Daufenbach, beide Mitarbeiter des IFIM und verantwortlich für das Süd- und Südost-Asien Programm, nennen in der IFIM-Broschüre *Mit Kindern und Jugendlichen im Ausland* (2000) in diesem Zusammenhang alltägliches Betragen der Kinder: Wasser aus der Leitung sei plötzlich kein Trinkwasser, „man kann nicht mit dem Fahrrad mal eben zu Freunden fahren" (Brinkama/Daufenbach 2000: 15). Außerdem gehören u.a. lokale Rechtsvorschriften oder die Benutzung von öffentlichen Verkehrsmitteln zu diesen Anpassungen. Im Gegensatz zu den Kinder bleibt für den entsandten Mitarbeiter im Gastland zumindest die Kontinuität seiner Arbeit und somit eine gewisse Beziehung zum bisherigen Leben (vgl. Gross 1994: 23). Auch Schaetti bestätigt „an internationaltransfer is typically easiest on the wage-earner of the family" (Schaetti o. J. a.: online). Interessanterweise gibt es auch gegensätzliche Interpretationen: Andreas Bittner bspw. spricht davon, dass der Auslandsmitarbeiter derjenige sei, der in das neue Umfeld „gehen muss" (Bittner o.J.: online), während sich die mitausreisende Ehefrau (gegebenenfalls mit Kleinkindern) von der „fremden Kultur abschotten" (ebd.) könne, indem sie sich nur unter „deutschen Leidensgenossinnen sicheren Plätzen wie internationalen Hotels" (ebd.) aufhalte. Dieses Szenario ist real, entspricht jedoch nach meiner Beurteilung eher den Stressreaktionen eines Kulturschocks der mitausreisenden Partnerin.

> [D]ie verwirrendsten kulturellen Faktoren sind oft nicht die offensichtlichsten Verschiedenheiten wie Kleidung, Gestik, oder Nahrung, obwohl die exotischen Aspekte dieser Differenzen herangezogen werden, um kulturelle Unterschiede zu illustrieren. Der Anpassungsprozeß [sic] verlangt eine feine Neuordnung von täglichen Gewohnheiten, die gar der bewußten [sic] Wahrnehmung entgehen können, wie der unterschiedliche Gebrauch desselben Wortes, verschiedene Statussymbole, die nicht in Frage gestellt werden dürfen, unterschiedliche traditionelle Werte, die beachtet werden müssen, oder verschiedene Sichtweisen über die Bedeutung von persönlichen Beziehungen (Brislin/Pedersen 1976: 10).

Der Kommunikationswissenschaftler Gerhard Maletzke fasst in seinem Werk *Interkulturelle Kommunikation. Zur Interaktion zwischen Menschen verschiedener Kulturen* (1996) treffend zusammen:

> Wenn ein Mensch in die Fremde geht, so heißt [sic] das: Er tritt aus dem gewohnten Zuhause aus dem Kreis seiner Verständlichkeiten, heraus und begibt sich in ein faszinierendes, fast immer aber auch bedrohendes Draußen, er vertauscht Bekanntes mit Unbekanntem (Maletzke 1996: 30).

Dieses „Vertauschen" führt zu Problemen bei der Anpassung. Die Familien sind neben geographischen und klimatischen Umstellungen[71] mit fremden Speisen sowie Sprachen konfrontiert und erfahren in ihrem persönlichen Umfeld und der häuslichen Umgebung Veränderungen. Ebenso müssen die Kinder ab einem bestimmten Alter Freundschaften eingehen. Im schulpflichtigen Alter ergeben sich zusätzliche Schwierigkeiten durch Ein-/Umschulung, andere Schulsysteme und Unterrichtsformen. Die Eindrücke und Herausforderungen, mit denen sie in den ersten Wochen und Monaten im Gastland konfrontiert werden, sind somit vielfältig und nehmen mit dem Alter des Kindes deutlich zu (vgl. IFIM 2000/2002 b; Brinkama/Daufenbach 2000: 14ff). Das argentinische Psychologenpaar Grinberg stellt fest, dass Migrationsprobleme für Kinder noch komplexer sind als für Erwachsene, da zu den äußeren Faktoren noch erwicklungs- und phasenspezifische Probleme

71 Zum Einfluss topographischer Bedingungen und klimatischen Gegebenheiten vgl. Dülfer 2001: 31f..

hinzukommen (vgl. Haluszczynski 2005: 131). Die folgende Beleuchtung verdeutlicht diese Verstrickung und die Bedeutung des Alters der Kinder bei einem Auslandsaufenthalt.

Kinder sollten zunächst dabei unterstützt werden, sich ihr Leben, wie es in der Erstkultur war, zu vergegenwärtigen, um zu verstehen, „wo sie stehen“. Die Abweichungen von dem bisherigen Erlebten sollten Kindern aufgezeigt und erklärt werden.[72] Gleichzeitig müssen Kinder auf neuartige Erlebnisse vorbereitet werden, die sie in ihrer kindlichen Wahrnehmung verunsichern können. Van Swol-Ulbrich und Kaltenhäuser (2002) beschreiben für Eltern ein mögliche Beispiele, die zu Irritationen führen können:

> Je nach Kulturkreis wird (Nutz-)Tieren ein unterschiedlicher Stellenwert beigemessen; bedenken Sie auch, welche Tiere als Haustiere gehalten werden und was gegessen wird. Ferner gibt es große Unterschiede bei den Hygienevorstellungen. Zudem variiert das Erscheinungsbild der Menschen (hinsichtlich Kleidung und Schmuck) und ihr Umgang mit Fremden. Schließlich gibt es große Unterschiede bezüglich der Stellung von Frauen, Kindern und Älteren in Familie und Öffentlichkeit und dementsprechend hinsichtlich des Respekts ... Das Kommunikationsverhalten wie Blick- und Körperkontakt spielt dabei eine große Rolle (Swol-Ulbrich van/Kaltenhäuser 2002: 98).

Der Eintritt ist eine kritische Zeit, in der Kinder leicht verletzbar, ambivalent, ängstlich und/oder beobachtend sowie erhöht anfällig für Infektionskrankheiten oder Unfallverletzungen sind (vgl. Gross 1994: 133). Die folgende Abhandlung soll zeigen, dass Kinder während des Einlebens bestimmte (Stress-)Reaktionen und Entwicklungsmerkmale zeigen, die m.E. auf keinen Fall übersehen oder unterschätzt werden sollten. Sie belegt, dass Auslandsaufenthalte Spuren hinterlassen und widerlegen den „Mythos vom flexiblen Kind“ (Fagetti-Spirig 2004: online).

---

72 In dem Kindersachbuch *Let's Move Overseas* (2006) fragt Roman gezielt nach kulturspezifischer Begrüßungen, Sprache, Kleidung oder Währung sowie den typischen Speisen und besonderen Feiertagen im Gastland (vgl. Roman 2006: 13).

Die Fachliteratur staffelt die Entwicklungsmerkmale und (Stress-)Reaktionen von Kindern und Jugendlichen auf die Umstellung im Ausland nach Altersgruppen. Bei der Anpassung an neue Verhältnisse in einem fremden Land reagieren Kinder je nach Alterstufe mit bestimmten physischen wie psychischen Symptomen auf die Umstellung. Generell lässt sich festhalten, dass (Klein-)Kinder und Jugendliche in der Phase des Einlebens (im Gegensatz zu Erwachsenen) zwar weniger mit kognitiven (z.B. Orientierungsverlust), aber durchaus mit affektiven (z.B. Angst, Gefühle des Verlassenseins) und besonders verhaltensorientierten Symptomen (wie Überreaktion, Aggression, Handlungsunfähigkeit) auf einen Ortwechsel reagieren.[73]

Mit Kleinkindern im Alter bis zu ca. drei Jahren ist ein Umzug ins Ausland in der Regel unproblematisch – vorausgesetzt im Gastland sind angemessene medizinische und sonstige Versorgungen gewährleistet. In diesem jungen Alter besitzen Kinder keine eigenständigen oder bewussten Umfeldbeziehungen. Außerhalb der Kernfamilie, die zentraler Orientierungs- und Bezugspunkt der Kinder ist (ebenso wie die unmittelbare Umgebung und wichtige Gegenstände), pflegen sie keine wesentlichen Sozialkontakte. Zu Stressreaktionen kommt es in diesem frühen Alter erst durch die Wahrnehmung von Spannungen im Umfeld (z.B. Gereiztheit der Eltern). Als körperliche Reaktion treten bei Kleinkindern unter bestimmten klimatischen Bedingungen häufig „ständige Hitzepickel" (Schröder-Kühn 2004: 72) auf.

Ab einem Alter von viereinhalb Jahren sind auch Kinder, so Andreas Bittner und Bernhard Reisch, die Geschäftsführer des IFIM, offiziell „nicht mehr gegen den Kulturschock immun" (Bittner/Reisch 1993: 55). Bei Kindern ab diesem Alter äußert sich der Kulturschock in physischen Symptomen (Fieber, Unwohlsein, Schlafstörungen, Appetitlosigkeit) oder in der Aufnahme bereits abgelegter Verhaltensweisen (Bettnässen, Daumenlutschen, Klammern) (vgl. ebd.; Brinkama/Daufenbach 2000: 15). Neben infantilen Repressionen gehören zu den Reaktionen der Kleinen Schlaflosigkeit, Fremdeln oder Angst vor der neuen Umgebung, ebenso wie Ablehnung des Kindergartens bzw. der Vor-Schule (vgl. Schröder-Kühn/Richter 2004: 73).

73 Laut Stubbe, Professor für Ethnopsychologie und Transkulturelle Psychologie/Anthropologie, werden bei Migranten und Austauschschülern „klinische Manifestationen des Kulturschocks" (Stubbe 2005: 295) festgestellt, die sich bei TCK wieder finden.

Zu den Entwicklungsmerkmalen von Kindern im Alter von vier bis sechs Jahren zählen zunehmende Beziehungen zur Umwelt, die jedoch noch instabil sind. Zu diesem Zeitpunkt erlernen die Kinder soziales Verhalten, das sich im Umgang mit anderen äußert. Häufig werden in diesem Alter auch Hausangestellte der TCK-Familien zu Bezugspersonen und Vertrauten der Kinder. Ferner erfolgt bei Kindern im Vorschulalter das Lernen einer neuen Sprache[74] schnell und mühelos (phonetisch). Die Fremdsprache wird jedoch nach Verlassen des Gastlandes unter Umständen (Trennung vom Sprachraum, Vernachlässigung dieser Sprache) schnell verlernt.[75] Laut Schmid (1993) entstehen bei Vorschulkindern Schwierigkeiten im Gastland vorrangig aus übertriebener Vorsicht der Eltern:

> Manche Eltern verhindern den Kontakt ihrer Kinder mit der Umwelt, mit Spielgefährten. Kinder in fremden Kulturen verhalten sich anders, und manche Eltern möchten nicht, dass ihre Kinder zu viel davon übernehmen. Mal sind ihnen Spielgefährten zu schmutzig, mal zu frühreif, mal zu wohlerzogen. Oder man stört sich an den in der einheimischen Gesellschaft übermittelten Geschlechterrollen oder sonstigen Haltungen. Wer seinem Kind die eigenen Werte bruchlos vermitteln will, darf mit ihm nicht ins Ausland gehen (Schmid zitiert in Bittner/Reisch 1993: 55).

Kinder im schulpflichtigen Alter empfinden einen Umzug wegen der unbekannten Schulmodelle, Unterrichtstoffe oder Lernmethoden als

74 Laut Heidi Tunberg sprechen ca. 90 Prozent aller TCK mindestens eine zweite Sprache (vgl. Tunberg o.J. online). Zum Erst- und Fremdsprachenerwerb bei Kindern verweise ich auf Peter Stadler 1994: 113ff., zum Zweitspracherwerb vgl. Schröder-Kühn/Richter 2004: 87ff..

75 Eine Mutter von TCK schildert den Verlust der Zweitsprache bei ihren Kindern: „Unsere Kinder haben beide die Landessprache (Thai) ... gelernt und beherrschten sie besser als wir. Vor allem konnten sie akzentfrei sprechen. Als sie sich Jahre später auf damals aufgenommenen Videos mit ihrem Nachbarskind Thai sprechen hörten, konnten sie sich selbst gar nicht verstehen! Und sie wunderten sich, dass sie es waren, die diese Sprache jemals beherrscht haben sollten“ (ebd.: 87). Sicherlich bleibt ein Sprachgefühl für die „abgelegte“ Fremdsprache, die somit im fortgeschritteneren Alter leichter neu erlernt werden kann.

zusätzlich erschwerend.[76] Anfangs kommt es oft zu vergleichsweise schlechteren Leistungen.[77] Zu den bekannten Reaktionen von Grundschülern auf einen Umzug zählen Aggression oder Regression (vgl. Brinkama/Daufenbach 2000: 39; IFIM 2000), Rückzug aufs eigene Zimmer, Ablehnung von Familienausflügen, Verweigerung unbekannter Nahrung oder die Vermeidung, andere Kinder zu besuchen (vgl. Schröder-Kühn/Richter 2004: 74). Bei Kindern spielt außerdem die Familiensituation eine entscheidende Rolle für ihr Wohlempfinden. Sie orientieren sich an ihren Eltern als engste Bezugspersonen und nehmen deren Einstellungen und Spannungen wahr (vgl. Hild 2004: 52). Insbesondere der Einfluss der Mutter ist entscheidend für die psychologische Eingewöhnung und Anpassung der Kinder.[78]

Kinder ab zehn Jahren reagieren auf eine Ausreise mit zunehmendem Widerstand. Mit Kindern älter als dreizehn Jahre wird der Umzug problematisch (vgl. Sellmair 2004).[79] Teenager erleben vor allem während

---

76 Michael Cadden (*Managing Director* von *Living Abroad LLC*) und Andrew Kittell (*Director of Corporate Relations for Amercian Community Schools International* in England) schreiben in ihrem Aufsatz *Shrinking World, Broadening Horizons. Changes in the International Relocation in the 21st Century* (2005), dass es nicht ungewöhnlich für ein TCK ist, fünf bis sieben verschiedene Schulen zu besuchen, bevor sie ihren (*High School-*)Schulabschluss machen (vgl. Cadden/Kittel 2005).

77 Vgl. zur Unterstützung des Eintritts neben Schaettis Vorschlägen von Willkommensritualen an internationalen Schulen und Integration des Themas im Unterricht sowie die Einrichtung von *Transition Resource Teams* (vgl. Schaetti 1998). Vgl. auch Pollocks Maßnahmen und Bedeutung von Mentoren (vgl. Pollock/Reken Van 2003: 84ff.).

78 Wie die Forschung zum Thema „Young Adolescents' Adjustment To The Experience of Relocating Overseas", von Judith Zetzel Nathanson des *Pennsylvania Hospitals* und Maureen Marcenko von der *University of Pennsylvania Center for the Study of Youth Policy* über die Anpassungserfahrung von Jugendlichen an englisch-sprachigen Schulen in Tokyo belegt, ist das Familienleben die bestimmende Variable für das Wohlbefinden des Kindes. Insbesondere die Meinung und Zufriedenheit der Mütter habe, so die Forscher, einen enormen Einfluss auf die Einstellung und das Engagement der Jugendlichen und deren integrative Zuversicht, sich im neuen Land einzuleben (zur Studie siehe Nathanson/Marcenko 1995).

79 Romans Ratgeber *Footsteps Around the World. Relocation Tips For Teens* (2005) ist hier besonders wertvoll. Roman unterstützt die Jugendlichen mit Checklisten zum Organsitorischen, animiert zu (Reise-)Tagebüchern, ermutigt zur Selbstreflexion, zum Spracherwerb, gibt Hilfestellung bei Gesprächen mit Eltern und Lehrern und zeigt kulturspezifische Benimmregeln auf (Roman 2005).

der Anfangszeit des Auslandaufenthaltes ein Gefühl der erhöhten Abhängigkeit von ihren Eltern und können dies als Einschränkung ihrer Selbständigkeit verstehen (vgl. Brinkama/Daufenbach 2000: 16), weil sie sich normalerweise in diesem Alter allgemein von den Eltern lösen wollen. Ebenso zeigen Kinder in diesem Alter eine Tendenz zum Ausprobieren und erlernen zusätzlich die Geschlechterrollen (vgl. Schröder-Kühn/Richter 2000: 73). Zentrale Probleme bei der Eingewöhnung älterer Kinder sind darüber hinaus die Verarbeitung erster Eindrücke, die Erfahrung von Instabilität, der Aufbau eines neuen Freundeskreises und die Integration in die Schule (ggf. auch der Umgang mit Hausangestellten). Die Betroffenen erleben durch das neue Umfeld einem Statusverlust, der sich auch deutlich in mangelndem Selbstwertgefühl, Unsicherheit und Isolation manifestiert. TCK Nina Sichel, die in den USA geboren und in Venezuela aufgewachsen ist, und heute als Lehrerin in Florida lebt, beschreibt ihre Erfahrung während dieser Phase mit den folgenden Worten:

> It feels as if all your guideposts have been turned upside down, as though the words you read were unexpectedly printed backwards, as if the air you took for granted with every breath were suddenly scented in a strange and unfamiliar way (Sichel 2004: 195).

Zu den Stresssymptomen werden z. B. hohe Empfindlichkeit, Gewichtszu- oder Abnahme oder auch Schwierigkeiten mit Lehrern und Mitschülern gezählt. Auch „Lesen, lesen, lesen" (Schröder-Kühn/Richter 2004: 74) gehört zu den üblichen Reaktionen ebenso wie Launenhaftigkeit und Stimmungsschwankungen. Besonders bei Jugendlichen kann ein Beharren auf der Muttersprache deutlich werden und das Festhalten an der Herkunft sogar zu Rassismus und Ethnozentrismus führen (ebd.).[80] Zusätzlich zur „normativen Identitätskrise wie der Adoleszenz" (Bürgin 2005: 60) kommt es durch Migrationen zu einer „artifizielle[n] Identitätskrise" (ebd.). Eine Relokalisation zur Zeit der Pubertät kann zu einer diffusen, unausgeglichenen Identität führen.

Die Intensität des Kulturschocks, seine Dauer, die möglichen psychischen und physischen Symptome sowie die Chance einer erfolgreichen Bewältigung ist bei Kindern stark abhängig von der Unterstützung, Be-

80 Selbstverständlich sollten Eltern sich dieser Probleme einfühlsam annehmen und in diesem Alter auf jeden Fall mit den Kindern über neue Eindrükke und Erfahrungen sprechen, ihnen ungewohnte Verhaltensweisen von Angehörigen des Gastlandes erklären und das neue Umfeld gemeinsam erkunden.

treuung und dem Verständnis der Eltern, Bezugspersonen und Pädagogen.[81] Diese Personen und weitere kulturelle und institutionelle Einflüsse werden nun in ihrer Bedeutung zur Prägung eines TCK beleuchtet.

2.4 Personelle und institutionelle Einflüsse auf die Entwicklung von Third Culture Kids

Die prägenden Entwicklungsjahre der TCK finden unter dem Einfluss mehrerer Komponenten statt. Die folgende Grafik 2 zeigt die Einflüsse, unter denen ein „normales" Kind zu einem TCK wird:

81 Bei Erwachsenen variiert der Kulturschock nach situativen Faktoren wie Kulturdistanz. In Anlehnung an Hofstedes Kulturstandards ist dies die „Dimension der erlebten Distanz zwischen Völkern und Kulturen" (Maletzke 1996: 33), ein Konzept mit Strukturmerkmalen aber auch mit Faktoren wie Klima, Ernährung, topo-/geo-/ökonomische Gegebenheiten etc.. „Je mehr Gemeinsamkeiten, umso geringer die Kulturdistanz, je weniger Gemeinsamkeiten, umso größer die Kulturdistanz" (ebd.: 34). Entscheidend sind persönliche Dispositionen (vgl. Schroll-Machl 1999: 346) wie kognitive Faktoren (Vorwissen), affektive (Ambiguitäts-, Frustrationstoleranz, emotionale Stabilität) oder motivationale Aspekte (Bereitschaft, sich mit Fremdartigen auseinanderzusetzen, „Abenteuerlust"). Diese Variablen gelten ebenso für Kinder und deren Ausprägung eines Kulturschocks. Das persönliche Potential an interkultureller Anpassungsfähigkeit kann mit der sog. *Intercultural Adjustment Potential Scale* (ICAPS) ermittelt werden (vgl. Matsumoto et al. 2004; Savicki 2004). Die darin überprüften Persönlichkeitsmerkmale eines Anpassungserfolgs gelten deutlich für Erwachsene, die in ihrer Erstkultur enkulturalisiert und sozialisiert wurden, können jedoch als positive Charaktereigenschaften zum Teil auch auf Kinder übertragen werden (vgl. Miyamoto/Kuhlman 2001).

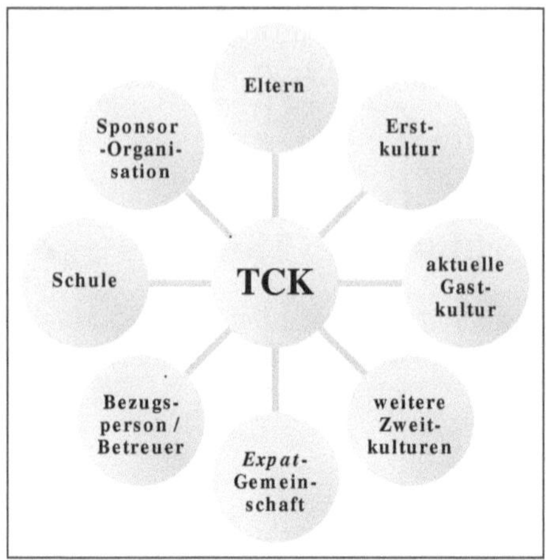

Abb. 2 Einflüsse auf TCK während der Entwicklung
(Quelle: In Ahnlehnung an Reken o.J.: 5)

D.h., auf TCK wirken während ihrer prägenden Entwicklungsjahre multiple kulturelle Einflüsse. Zu diesen gehören zunächst die Eltern mit ihrer Kultur, die meist der sog. Heimat- oder Erstkultur entspricht. Die Erstkultur entscheidet über das TCK-Dasein vor allem im Kontext der Repatriation, durch die TCK schließlich merken, dass sie sich von Gleichaltrigen unterscheiden.[82] Zuvor spielt bei der Art der Auswirkung des Auslandsaufenthaltes auf die Kinder die Einstellung der Eltern zum Gastland eine wesentliche Rolle. Neben Unterschieden in den Erst- und Zweitkulturen und deren Kulturdistanz gestalten die Mutter- und Zweitsprache(n) den Kulturkontakt und die Beteiligung an der Gastkultur. Somit prägen die Gastkultur, in der die TCK aktuell leben, aber auch die Zweitkulturen, in denen sie je gelebt haben, die TCK-Identität. Dabei bestimmen der Grad der Interaktion mit dem Gastland oder der des Patriotismus/Nationalismus die Drittkulturerfahrung mit. Des Weiteren formen Betreuer bzw. Bezugspersonen (wie *maids* oder *nannies*), meist Angehörige der Gastkultur, die Kinder/Jugendlichen außerdem bezüglich der Sprache, im Verhalten und mit Werten der Zweitkultur. Die Folge formuliert Maletzke (1996) mit den Worten: „Wer längere Zeit in einem anderen Land mit einer fremden Kultur lebt, wird durch eben diese Kultur verändert“ (Maletz-

82 Vgl. zur Repatriation und Wiedereintrittsproblematik Kapitel 3 dieser Arbeit.

ke 1996: 168). Ebenso ist das Ausmaß der Mobilität und somit die Qualität und Quantität der Relokalisationen wesentlich für die transkulturellen Kindheits- und Jugenderfahrungen. Ferner ist die Wahl des Schulprofils (lokale nationale, lokale internationale/deutsche/amerikanische/französische Schule, Internat, Satellitenschule oder Hausunterricht) eine Komponente.[83] Häufig übt die Sponsororganisation einen großen Einfluss auf TCK aus. Dabei wird die Systemidentität zu einem Charakterzug, der Verhalten, Zugehörigkeit und Selbst-Wahrnehmung vieler TCK mitbestimmt. Große Geltung kommt auch der *Expatriate*-Gemeinde zu, da sich TCK in diesem Feld selbstverständlicher bewegen als in der Erst- oder Zweitkultur.
McCaig fasst die Dimensionen der verschiedenen Einflüsse bei wiederholter Relokalisation wie folgt zusammen: „Considering the variety of cultural influences on a child at just one post and multiplying these by the three-plus posts, indicates how the children's hearts, souls, minds and identities are shaped by a multitude of factors" (McCaig 1994: online).

Nachdem nun die Bedingungen, unter denen ein TCK geprägt wird, dargelegt wurden, beschäftigt sich das folgende Kapitel 3 mit den Konsequenzen des Aufwachsens in mehreren Kulturen, die bei der Repatriation zutage treten. Die Heimkehr in ihr Passland bereitet den rückkehrenden TCK Schwierigkeiten und lässt sie erkennen, dass sie „anders" sind als Gleichaltrige in der Erstkultur.

83 Vgl. Pollock/Reken Van 2003: 240 ff. zum Thema „Ausbildungsbedarf dekken".

3 Die Heimkehr – (K)Ein Ende des Third-Culture-Kid-Daseins

> *„Für Erika bedeutete ‚nach Hause kommen' etwas völlig Anderes als für ihre Eltern. Wenn ihre Eltern davon sprachen, ‚nach Hause zu kommen', meinten sie damit ihre Rückkehr in die Staaten jeden Sommer. Für sie bedeutete ‚nach Hause kommen' ihre Rückkehr nach Singapur am Ende des Sommers. Aber wo war jetzt ihr Zuhause? Da war sie wieder, die quälende Frage."*
> *(Pollock/Reken Van: 25)*

Die Familien der TCK leben aufgrund der beruflichen Tätigkeiten meist eines Elternteils außerhalb des Passlandes und rechnen damit, eines Tages in ihre Heimat zurückzukehren, wenn der berufliche Auslandseinsatz des Elternteils abgeschlossen ist. TCK setzen also irgendwann eine Rückkehr ins „eigene Land" (Pollock/Reken Van 2003: 34) voraus. Eine tatsächliche, wortwörtliche Heimkehr gibt es für TCK allerdings nicht, weil das Passland aufgrund ihrer hohen Mobilität und jahrelangen Abwesenheit „kein eigentliches Zuhause" (Schröder-Kühn/Richter 2004: 72) für sie ist, wie die Ausführungen dieses Kapitels zeigen.
Die Repatriation[84], also die „Wiedereingliederung aus einer fremden Kultur in die Heimatkultur" (Stubbe 2005: 428), ist für viele TCK einer der schwierigsten Übergänge. Die Komplikationen während der Repatriation werden durch Erweiterungen der Herausforderungen jedes kulturübergreifenden Übergangs verursacht.

3.1 Repatriation – Die Rückkehr in das fremde Zuhause

„Repatriation is much more than ‚just going home' and in many ways it's a more psychologically complicated phase of the expatriate lifecycle than moving abroad" (Schaetti/Grose 2002: online). Bei der Repatriation handelt es sich für die TCK erneut um eine Anpassung, mit der sie aber weniger rechnen, als bei der Expatriation (der erstmaligen Ausreise aus der Erstkultur), bei der die betroffenen Familien von Unter-

84 Die Begriffe Repatriation, Repatriierung, Rückgliederung, Reintegration oder Wiedereingliederung werden synonym verwendet (vgl. Voigtländer 2002).

schieden am neuen Ort ausgehen. Obwohl allgemein von einem „Wiedereintritt" gesprochen wird, hat dieser Prozess der Repatriation für zahlreiche TCK eher Ähnlichkeit mit einem Neuanfang. Statt um ein „Nachhausekommen" handelt es sich vielmehr um einen Eintritt in ein neues soziokulturelles Umfeld, das den TCK fremd ist (vgl. Sussmann 2001).

Für TCK existiert der Ort der Rückkehr nur in Erinnerungen an kurze Ferien oder lediglich in/durch Erzählungen der Eltern, deren tatsächliches Zuhause dieser Ort ist. Die Kinder haben oft nicht bewusst in der Erstkultur gelebt, vieles ist ihnen daher nicht bekannt.[85] Die Wiedereingliederungsproblematik erklärt Gerhard Winter (1996), Honorarprofessor für Interkulturelle Kommunikation und Fremdverstehen, mit einer „kognitiven Inkonsistenz" (Winter 1996: 369) zwischen den – nach der Philosophieprofessorin Mona Singer (1997) in der Erinnerung von Kindern und Eltern an die Heimat „verklärt oder romantisierten" (Singer 1997: 126) – Erwartungen und den real anzutreffenden Verhältnissen. Die Quintessenz der Rückkehrproblematik für TCK formulieren Ramsey und Schaetti (1999a): „The word ‚reentry' implies going back, returning to something that is known from prior experience. But to what?" (Ramsey/Schaetti (1999 a: online).

Im Verlauf der Repatriation äußern TCK Stressreaktionen und Symptome ähnlich denen des Kulturschocks in der Zweitkultur.[86] In der Folge erneuter Relokalisation kommt es bei Kindern und Jugendlichen wiederholt zu den folgenden Belastungen: sie erleiden den Verlust einer Welt, fühlen Unbehagen, erneut aus der kulturellen Balance gerissen zu sein und/oder bemühen sich, an dem neuen Ort mit neuen Menschen eine Zugehörigkeit zu entwickeln. Wie bei jeder Relokalisation und damit einhergehenden Transition geht dies deutlich mit der Unsicherheit über die eigene Identität einher. TCK leben auch bei Ankunft

85 „Dschungelkind" Kuegler schreibt über ihren Wiedereintritt in die Heimatkultur Deutschlands: „Manche Dinge [waren] schwierig zu verstehen. Als wir zum Beispiel zum ersten Mal einen Supermarkt betraten, hörte das Staunen nicht auf. Christian brach in Tränen aus, und Judith war nicht mehr von dem Gang mit all den Schokoladentafeln wegzukriegen. Sie hatte in ihrem ganzen Leben noch nie so viel Schokolade gesehen. ... so viele weiße Menschen auf einmal waren schon ein Schock. Und warum waren viele von ihnen so dick? Wenn jemand bei uns im Urwald so einen dicken Bauch hatte, kam es von den Würmern" (Kuegler: 2005: 259f.).

86 Vgl. Kapitel 2.3 dieser Arbeit.

in der Heimatkultur in einer „Zwischen-Welt“ (Schröder-Kühn/Richter 2004: 164).

Die Rückkehrer (besonders ältere Kinder und junge Erwachsene) müssen neben den üblichen Transitions-Ansprüchen zudem mit den drei folgenden Herausforderungsebenen umgehen:

1. mit dem Wechsel vom ausländischen zum heimischen Umfeld, der oft Hand in Hand mit einer „neuen Sicht der Heimat“ (Hirsch 1992: 289) geht und sich in einer kritischen Haltung gegenüber dem Heimatland äußert (vgl. Otte 2004),

2. mit Neuordnungen, die sich zwischenzeitlich am Heimatort vollzogen haben.[87] Bittner und Reisch sprechen in der Folge von sozialen, soziokulturellen (und bei Eltern beruflichen) Reintegrationsproblemen, wobei Rückkehrer massiv unter Entfremdungsgefühlen leiden können (vgl. Bittner/Reisch 1993: 59),

3. mit den eigenen, persönlichen Veränderungen (vgl. Stadler 1994: 178; Oldekop 2001), „man hat sich stärker entwöhnt als erwartet, und diese Entfremdung muss verarbeitet werden“ (IFIM 2002 a: online). Damit einhergehend ist auch ein gewisser Verlust von Status und elitärem Lebensstil: man ist „nicht mehr [der] Karpfen im Teich, sondern wieder [ein] klcinc[r] Fisch unter vielen“ (Fagetti-Spirig 2004: online) und erlebt einen „Abstieg vom Somebody zum Nobody“ (Pinzer 2000: online).[88]

So kann „wieder zuhause zu sein zumindest für eine gewisse Zeit, noch fremder und verwirrender sein als sich im Ausland aufzuhalten“ (Stadler 1994: 177). Dies gilt besonders für TCK, die als Kleinkinder erstmals ins Ausland gezogenen sind. Folgt man Erdheim, so waren diese Kinder während des Auslandsaufenthaltes noch nicht im prägenden Alter der Latenzzeit. Für diese im Ausland transkulturell aufgewachsenen Kinder ist der ausländische Wohnort die „Heimat“, und das Passland weitgehend fremd. Bei der Repatriation wird das Kind – jetzt in seiner

87 Kinder kehren z.B. nicht ohne Freunde zurück. Viele haben im Heimatland noch Freunde, aber sowohl der Rückkehrer als auch die daheim gebliebenen Freunde haben sich verändert. Die Erkenntnis über den Verlust vom „eigentlich besten Freund“ ist für Kinder schmerzhaft. Ein TCK formuliert die auftretende Distanz zwischen ihm und zwei alten Freunden treffend: „I still feel like kind of an outsider. When they say ‚Remember when ...‘, and I never remember because I wasn’t there!” (Storti 2003: 122).

88 Vgl. zur Rückkehrerproblematik von Entsandten Kröher 2001; Hild 2004 c.; IFIM o.J.c/2002b; Ernst & Young 2003.

Latenzzeit – mit der Erstkultur als „neue“ Kultur konfrontiert. Denn „wer mit einem zwei- oder dreijährigen Kind ins Ausland geht, .. kehrt mit einem sechs- bis achtjährigen Kind zurück“ (Brinkama/Daufenbach 2000: 4), für das dann in der fremden Erstkultur die prägenden Entwicklungsjahre stattfinden. Den belastenden Folgen des Übergangs, der Relokalisierung und der Eingliederung begegnen diese Kinder nun nicht in der Erstkultur, sondern in der Zweitkultur.

Bei der Repatriation gibt es einige Stressfaktoren, die TCK zusätzlich zu denen jeder Relokalisation belasten: Häufig tritt für die Kinder eine Trennung von einem Elternteil, d.h. eine Fragmentierung der Familie ein, da die Familie selten geschlossen zurückkehrt. Die Berücksichtigung von Schulbeginn,-abschluss, -ferien z.B. führt dazu, dass nur ein Elternteil zum gegebenen Zeitpunkt beim Kind bleibt (üblicherweise bleibt die Mutter mit Kind/ern im Gastland und reist erst später dem Familienvater nach). Ein weiterer Grund für die Trennung von einem Elternteil kann die neue Berufsposition sein, aus der für den Angestellten häufige Geschäftsreisen folgen. Auch die Rückkehr des zweiten Elternteils (d.h., meist der Mutter) in das Berufsleben führt zu neuen Familienstrukturen (vgl. Storti 2003: 114). Dadurch werden dem Kind beim Wiedereintritt häufig die Grundlagen seiner Stabilität und Sicherheit, d.h. vertraute Familiengefüge und gewohntes soziales Umfeld, genommen.

3.2 (Aus-)Wirkungen der Repatriation

Zunächst werden die Wohn- und Klimaverhältnisse im Heimatland, je nach Ort von dem heimgekehrt wird, von Kindern (und Eltern) oft als Verschlechterung zu denen des Gastlandes empfunden (vgl. Brinkama/Daufenbach 2000: 27). Die Repatriations-Erfahrungen ähneln denen der Relokalisaton und variieren nach Alter des Kindes.
Unabhängig davon, wie viele Umzüge ein TCK schon hinter sich hat, ist festzuhalten: Je länger ein Kind außerhalb seines Passlandes gelebt hat, desto komplizierter wird der Wiedereintritt in die Erstkultur (vgl. Storti 2003: 113):
Für Kleinkinder ist die Repatriation wie jeder andere Ortswechsel relativ unproblematisch, jedoch ist für diejenigen, die z.B. von Angestellten (*nanny/maid*) aufgezogen wurden, der Verlust dieser wichtigen Bezugsperson aufgrund der Repatriation tragisch.
Die schulpflichtigen Kinder erwarten in jedem Fall schulische Umstellungen. Die schulische Reintegration hängt zunächst vom Schultyp

und dem Schulprofil sowie von der Schulsituation im Ausland ab und mit dem Grad der Umstellung zum Passland zusammen. Zurück in der Erstkultur können neben einem neuen Schulsystem mit anderen Inhalten, Anforderungen und größeren Klassenstärken auch sprachliche Probleme auftreten.
Studien zeigen, dass Jugendliche wie auch bei der Expatriation und jeder Relokalisation ebenso bei der Repatriation die größten Schwierigkeiten haben (vgl. Storti 2003: 116ff.).[89] Besonders jugendlichen TCK wird bei der Repatriation deutlich, dass sie sich von Gleichaltrigen, die im Heimatland aufgewachsen sind, unterscheiden. Die Soziologin Vera Kind (2005) spricht von einer „verdoppelten Transformationsanforderung" (Kind 2005: 30ff.), aufgrund der Parallele von Pubertät und Migration. Die Probleme und Unsicherheiten der Pubertät werden für rückkehrende TCK durch einen mangelnden Anschluss an die heimische Jugendkultur (Musik, Mode, Medien etc.) ergänzt. Das, was im Passland gerade „üblich" oder „in" ist, ist den rückkehrenden TCK nach jahrelanger Abwesenheit und einem völlig anderem Alltag nicht bekannt. Zu weiteren Schwierigkeiten führt die Tatsache, dass rückkehrende TCK mit schulischen Gegebenheiten oder alltäglichen Verhaltensregeln nicht vertraut sind. Ohne diese Kenntnisse des (Schul-) Alltags, der Medien, der Popkultur, bestimmter Idiome und der Hobbywelt von Teenagern wirken TCK auf Gleichaltrige der Heimatkultur seltsam und geraten schnell in die Rolle des Exoten oder Außenseiters (vgl. Brinkama/Daufenbach 2000: 27). Ein US-amerikanisches TCK bestätigt diese Erfahrung mit den Worten:

89 Als Maßnahmen zur Unterstützung der Kinder beim Wiedereintritt wird empfohlen, sich im Kreis der Familie bereits ab dem zweiten Jahr im Ausland gedanklich mit der Rückkehr zu beschäftigen. Die Ethnologin Florence Weiss rät aufgrund ihrer Arbeit zur Anthropologie der Kindheit Eltern vor der Repatriation zu abschließenden Fragen an ihre Kinder. Zu diesen gehört: „Was hat Dir [sic] an Deiner [sic] zweiten Heimat am besten gefallen? „Was hast Du [sic] neues gelernt?" (Weiss 1993: 100). Ebenfalls sollten im Vorfeld der Repatriation „grundlegende Überlebensstrategien" (Brinkama/ Daufenbach 2000: 27), zu denen alltägliche Dinge wie Handygebrauch, Benutzung von öffentlichen Verkehrsmitteln oder Aufklärung über Jugendkultur gehören, erklärt werden. Ferner sollte den Kindern im Passland z.B. mittels der Einrichtung der Kinderzimmer kontinuierliche Geborgenheit und Vertrautheit vermittelt werden. Weiterhin sollte TCK die Möglichkeit gegeben werden, das ehemalige Gastland auf sog. „Klärungsreisen" (Pollock/Reken Van 2003: 297) zu besuchen, um den Kindern/Jugendlichen eine Verbindung zwischen ihren Welten herzustellen.

> I felt out of everything when I came back. I didn't know about the music, what to wear, or how to get into the tight cliques that have formed from people who have been together all their lives. My junior high school graduating class in Saudi Arabia had just fifteen other kids. This high school has 2000 kids, and it is unbelievable (Storti 2003: 103).

Das grundlegende Bedürfnis nach Integration in eine *peer group* und nach Anerkennung durch Gleichaltrige weckt bei TCK den Wunsch, „wie die anderen zu sein" (Pollock/Reken Van 2003: 281).[90] Denn gerade für Teenager, so die Expertin Hild, sei es äußerst wichtig, „sich nicht zu sehr von Klassenkameraden oder Clique zu unterscheiden" (Hild 2004: 75).

Das Dilemma der Rückkehr besteht für Jugendliche in der Folge aus folgender Ambivalenz: Auf der einen Seite wollen sie „dazu gehören", Teil einer Klicke zu sein, auf der anderen Seite machen sie die Erfahrung, dass sie sich von den Daheimgebliebenen unterscheiden, anders sind und nicht dazu gehören. In einer Umfrage in dem Werk *The Art of Coming Home* (2003) von Craig Storti[91] sagen 93 Prozent der befragten Teenagers aus, dass sie sich unter Gleichaltrigen nicht wohl oder dazugehörig fühlen (vgl. Storti 2003: 116). Das „not fitting in" (ebd.) gestaltet sich also aufgrund des unterschiedlichen Alltags, Lebensstils und Erfahrungshorizont als größtes Problem der Teens. Die Suche nach Wegen, sich in der Heimatkultur einzufügen und -finden, ist für TCK laut Pollock und Van Reken deshalb eine „gefährliche Zeit" (Pollock/Reken Van 2003: 283).

Bei dem Versuch, sich anzupassen und unauffällig unter Gleichaltrige zu mischen, offenbaren sich TCK als Anpassungskünstler. TCK gelten als kulturelle Chamäleons. Sie suchen aufgrund des Zugehörigkeitsbedürfnisses eine „same as identity" (Bethel/Reken Van 2005: online),

---

90 Storti schreibt „beeing accepted by their peers is perhaps the greates need of teenagers" (Storti 2003: 116).

91 Storti ist Gründer und Direktor einer Beratungsfirma in Washington D.C., die sich auf interkulturelle Kommunikations-Trainings bezüglich *cross-cultural adjustment* und Repatration spezialisiert hat. Storti arbeitete beim *Peace Corps* und ist Autor mehrerer Bestseller wie *The Art of Crossing Cultures, Cross-Cultural Dialogues* oder *Figuring Foreigners Out*. Er hat ein Viertel seines Lebens im Ausland verbracht und arbeitet für *die Washington Post, Los Angeles Times* und *Chicago Tribune* (vgl. Storti 2003).

wie Paulette M. Bethel, ehemalige *US-Airforce* Offizierin und Mutter von vier TCK, und Van Reken diese Reaktion nennen. Ihr bisheriges „exotisches Dasein“ (Brinkama/Daufenbach 2000: 27) spielen diese TCK oft herunter oder verschweigen es gar, um nicht „anders“ zu wirken. Diese Jugendlichen weigern sich mitunter auch, die bis dahin beherrschte Sprache des Gastlandes weiterhin zu sprechen. Folglich unterdrücken viele TCK durch den Versuch, eine „gleiche“ Identität wie Gleichaltrige des Heimatlandes zu entwickeln, einen wesentlichen Teil ihrer Persönlichkeit und „verleugnen ... eine ganze Seite ihres Lebens“ (Pollock/Reken Van 2003: 281). Bei dem Bemühen, ihren Platz zu finden, merken TCK jedoch, dass sie „trotz aller äußerlichen Anpassung innerlich immer noch manches nicht hineinpasst“ (ebd.: 283).

Die eigene Andersartigkeit zeigt sich in verschiedenen Umgangsformen, auf die im Folgenden eingegangen wird: Statt mit chamäleonartigen Anpassungsversuchen reagiert eine andere Gruppe TCK auf den Wiedereintritt mit starker Ablehnung gegenüber Gleichaltrigen. Diese TCK versuchen sich aktiv abzugrenzen, weil sie von einigen Werten oder Normen im Heimatland befremdet oder über bestimmte Verhaltensweisen Gleichaltriger entsetzt sind. Sie weisen diejenigen, die in der Erstkultur aufgewachsen sind, deutlich zurück und distanzieren sich vehement von ihnen. Diese TCK definieren sich durch eine „Anti-Identität“ (ebd.: 113) und wollen bewusst anders sein. Das Nicht-Dazu-Passen wird für diese Gruppe TCK zu etwas Besonderem (vgl. Storti 2003: 121). Es fungiert als Schutz gegen Unsicherheit oder Minderwertigkeit, aber auch als Rechtfertigung, wenn TCK z.B. alle Probleme darauf zurückführen, „dass sie anders sind“ (ebd.). Aber es dient auch der Positionierung. Bethel und Van Reken betiteln diese Gruppe TCK als „screamer“ (Bethel/Reken Van 2005: online), die eine „different from identity“ (ebd.) beabsichtigen.

Neben den aufgezeigten Reaktionen von Chamäleons und „Schreiern“ listen Bethel und Van Reken eine weitere Möglichkeit auf, mit der eigenen Andersartigkeit umzugehen. Sie sprechen von der Gruppe TCK, die, ohne sich zu positionieren, unauffällig bleibt, als „wallflower“ (ebd.). Diese „Mauerblümchen“ streben eine passive „non-identity“ (ebd.) an und sind häufig Einzelgänger.

Weitere Schwierigkeiten bei der Repatriation können auf bestimmte Vorstellungen/Handhabungen von Geschlechterrollen zurückgeführt werden. Jugendliche, die während der Entwicklungsphase, in der sich die Geschlechterrollen und der Umgang mit der Kategorie *gender* ausbilden (ca. zwischen dem 12. und 16. Lebensjahr) im Ausland sind, orientieren sich in ihrem Rollenverhalten nicht nur an den Vorbildern der Eltern, sondern am gesamten Umfeld, wodurch bestimmte Rollenmuster dem Gastland entnommen sein können.[92] Schröder-Kühn und Richter zitieren einen anschaulichen Erfahrungsbericht deutscher *Expats* in Afrika. Zwar handelt es sich bei diesem Beispiel nicht um die hier angesprochenen Teenager, sondern um ein Kind, aber die Ursprünge oder Grundzüge des Verständnisses von Geschlechterrollen werden hier ebenso deutlich wie die Verflechtung der Kategorien *race* und *gender*. Die TCK-Mutter schreibt Folgendes:

> Unsere Tochter war vier, als wir ins Ausland gingen. Wir wohnten auf dem Lande, und sie hatte schnell afrikanische Freunde gefunden. Das Problem war, dass immer nur Jungs zu Besuch kamen. Wenn wir Mädchen einluden, sagten uns die Jungs, ihre Schwestern könnten nicht kommen, die müssten arbeiten. So hat unsere Tochter die Zeit, bevor sie zur Schule ging nur mit Jungs gespielt. Sie hat das schon damals sehr genossen. Die Leute fanden nichts dabei, weil unsere Tochter weiß war und natürlich nicht arbeiten musste. Häufig agierte sie wie eine kleine Prinzessin ... Als sie dann ... auf die deutsche Schule kam, musste sie sich ziemlich umgewöhnen. Sie kannte bis dahin keine Auseinandersetzungen mit weißen gleichaltrigen Kindern (Schröder-Kühn/Richter 2004: 79).

Ferner stellen TCK erst bei der Rückkehr ins Heimatland erstmals ihre Herkunft und nationale Identität in Frage. Van Reken bestätig: „In Africa I knew I wasn't African and I thought it was because I was American. Now, I'm in America and I found out I'm not really like the Americans either. Who am I?" (Reken Van 2005: online). Absurder Weise werden die meisten TCK im Ausland dazu erzogen, sich als vollwertiges Mitglied des Landes zu verstehen, dessen Pass sie besitzen, und sich dieser Nationalität zuzuordnen (vgl. Schaetti o.J.b).[93] Jedoch gilt für TCK, wie Wolfgang Barth vom Fachbereich Migration beim Bun-

92 Zum Verständnis der Rolle der Frau von in Thailand aufgewachsenen Kindern vgl. Brinkama, Alexandra/Richter, Marlene/Zhong, Ming (1997).

93 Stuart Hall nennt die Nationalkultur als „Hauptquelle kultureller Identität" (Hall, Stuart 1994: 199).

desverband der Arbeiterwohlfahrt für eine multikulturelle Gesellschaft formuliert: „Der Pass sagt nur selten etwas über die kulturelle Orientierung aus“ (Barth 1998: 16).[94]

Unterschiede zwischen TCK und Gleichaltrigen werden im Heimatland sowohl oberflächlich deutlich als auch auf tieferen Ebenen kultureller Dissonanz offensichtlich. Schaetti schildert ihre Rückkehrer-Erfahrung in die USA so:

> My first re-entry took place at the age of 13, my next at nineteen. It was a painful experience both times. I learned each time that the American I was raised to be was not ‚American' in the way my new peers experienced it ... I behaved in ways considered ‚foreign' and spoke with an accent... We could all have better understood this, my American peers and I, if we didn't all consider me to be ‚American'. I simply didn't fit in mainstream America (Schaetti 1999 b: online).

Wie und warum es zu den speziellen Schwierigkeiten bei der Repatriation kommt, soll der folgende Abschnitt beleuchten.

3.3 Erklärungsansätze für die Wiedereintrittsproblematik

Der Alltag und Erfahrungshorizont der TCK unterscheidet sich drastisch von dem ihrer Altersgenossen im Heimatland. Den TCK selbst ist selten bewusst, wie sehr sie der kulturübergreifende Lebensstil, der für TCK so selbstverständlich ist, geprägt hat. „Sie vergessen leicht, dass andere nicht so viel mit anderen Kulturen und Lebensweisen in Berührung gekommen sind wie sie“ (Pollock/Reken Van 2003: 282). Auch ist der oftmals elitäre, luxuriöse Lebensstil für TCK zu selbstverständlich, sodass sie in Situationen, die diesem Standard nicht entsprechen ungeduldig oder arrogant reagieren.[95]

94 Vgl. hierzu auch Randy Kluvers Text *Globalization, Information, and Intercultural Communication* (2004), der auf soziale und kulturelle Dimensionen der Globalisierung eingeht und eine Herausforderung darin sieht, Kultur nicht mit Nation gleichzusetzen (vgl. Kluver 2004).

95 Kalb und Welch zählen Aussagen von TCK auf, die diese arrogante Einstellung illustrieren und Eltern erschüttern können: „A teenager is overheard complaining to her friend that she can't go skiing in the Alps this Christmas

Wenn TCK vergessen, wie außergewöhnlich ihre Kindheit/Jugend in wechselnden Kulturen war, zeigen sie eine für TCK typische Arroganz und Überheblichkeit aber auch Zorn über die vermeintliche Unwissenheit Gleichaltriger, die die transkulturellen Erfahrungen oder Perspektiven nicht teilen. Sie werfen gleichaltrigen Daheimgebliebenen u.a. fehlendes Unterscheidungsvermögen (z.B. Europäern die Differenzierung von Japanern und Chinesen), Engstirnigkeit, Intoleranz, Unreife oder Desinteresse vor.[96] Diese Eindrücke verstärken sich durch eine charakteristische Rückkehrererfahrung, die salopp als „Onkel Charlie Syndrom"[97] bezeichnet wird. Zu beachten ist auch, dass die Erzählungen der TCK keine Angebereien sind, sondern der Versuch, anderen ihre Lebenserfahrung mitzuteilen.[98] „Nicht-TCK-Freunde machen sich nicht klar, dass TCK keine anderen Geschichten zu erzählen haben" (ebd.: 122).

Gleichaltrige, die ihre Kindheit und Jugend in der Heimatkultur verbringen, sehen TCK ihre Erfahrungen nicht an bzw. vergessen oder wissen nicht, dass TCK in einer anderen Kultur, Lebensweise, einem für sie unvergleichbaren Alltag und diversen Einflüssen aufgewachsen sind. Da rückkehrende TCK sich klassischerweise optisch nicht von der Gesellschaft ihrer Heimatkultur unterscheiden, gehen die Mitmenschen davon aus, dass TCK sich auch wie sie benehmen und sie verstehen.

---

because her parents are forcing her to go to Thailand. ... A seven-year-old boy remarked after hearing that the plane reservations had been bungled, ‚They expect us to fly all the way to Paris *in coach*?!?" (Kalb/Welch 1992: 98).

96 TCK berichten von Reaktionen Gleichaltriger, die zu diesen Vorwürfen führen: „When people asked me where I'm from I used to just say Africa. But I always wound up getting asked questions like ‚Why aren't you black?'" oder „I was born in Taiwan, and my favorite question is, ‚Are your parents Chinese?' Being a six foot tall Caucasian female doesn't seem to stop them from asking this!" oder „Of course, I always get asked the usual questions such as, ‚Are there lots of snakes, lions, etc. Do the people run around naked?'"(Hayden o.J.: online). „I was wearing an ‚I love Tokyo' pin, and someone made a remark about it and asked if I spoke Chinese" (Storti 2003: 120).

97 Dieses Phänomen besagt, „dass man wohl gefragt wird, wie es denn gewesen sei; dass die fragende Person, aber ohne hinzuhören gleich selber zu erzählen beginnt, wie Onkel Charlie seinen Arm gebrochen hat" (Stadler 1994: 179f).

98 Beispiel: „When I try to tell people what it was like, it probably sounds like I just want them to envy me. But it's not that. I just want them to know what I felt and who I am" (Storti 2003: 124).

Eine Erklärung für die Wiedereintrittsproblematik liefert deshalb das Beziehungsmuster-Modell von Pollock und Van Reken (2003), das TCK in ein bestimmtes Verhältnis zur dominanten Kultur setzt. Das Besondere bei TCK ist, dass sie während ihrer Kindheit mit jedem Umzug ihre Beziehung zur umgebenden Kultur wechseln. Die Verhältnisse von TCK zur dominanten Kultur, die Pollock und Van Reken präsentieren, existieren sowohl in der Gast- als auch in der Heimatkultur und sind hinsichtlich des Wiedereintritts charakteristisch für die TCK-Erfahrung. Die vier Beziehungsvarianten, die das Modell vorgibt, illustriert die folgende Abbildung 3.

Ausländer sieht anders aus denkt anders	**Spiegel** sieht gleich aus denkt gleich
Adoptivkind sieht anders aus denkt gleich	**Heimlicher Einwanderer**[99] sieht gleich aus denkt anders

Abb. 3 Beziehungsmuster der Third Culture Kids zur dominanten Kultur (Quelle: Pollock/Reken Van 2003: 68)

Die folgenden Ausführungen zu dieser Abbildung sollen die Problematik konkretisieren, während sie das TCK-Dasein in den Kontext der Relokalisation einbetten.

3.3.1 Ausländer

Das Kategorie Ausländer liefert dabei das traditionelle Modell in der Gastkultur. Die Kinder/Jugendlichen unterscheiden sich sowohl optisch als auch in der Weltsicht von Angehörigen der Zweitkultur. Sie

99 In der englischen Erstausgabe (1999) sprechen die Autoren von „hidden immigrants“, was in der deutschen Version des Buches mit „heimlicher Einwanderer“ übersetzt wird. M.E. passt „versteckt“ im Sinne von „nicht offensichtlich“ besser als „heimlich“.

sehen als Ausländer anders aus[100] und denken anders, außerdem wissen „sie und andere ... dass sie Ausländer sind“ (ebd.).[101]

3.3.2 Spiegel

Im Falle des Spiegels ähneln die TCK sowohl äußerlich den Angehörigen des Gastlandes, als auch auf tieferen Ebenen.[102] Diese TCK leben so lange im Gastland, dass sie sich die Zweitkultur angeeignet haben. Sie sind wie Einheimische. Das TCK „sieht gleich aus, denkt gleich“ (ebd.: 69), obwohl es einen anderen Hintergrund, eine andere Nationalität und eine spezielle Identität hat.

Bei diesen beiden erstgenannten Kategorien Ausländer und Spiegel scheint es objektiv relativ einfach, die Beziehung zur umgebenden Kultur zu verstehen. Auch subjektiv ist für TCK dieses Verhältnis behaglich, da in diesen Beziehungen die Erwartungen des Gegenübers bzgl. Tiefen- und Oberflächenkultur der Wirklichkeit entsprechen und offensichtlich sind.

3.3.3 Adoptivkind

Beim Adoptivkind-Muster, bei dem das Kind anders aussieht aber gleich denkt, unterscheiden sich die TCK äußerlich von den Angehörigen der umgebenden Kultur, leben aber schon so lange dort, dass ihr Verhalten und ihre Weltsicht mit denen der Angehörigen der Gastkultur übereinstimmen. Dabei kann es sein, dass TCK sich sehr wohl in ihrer Beziehung zur umgebenden Kultur fühlen, aber Angehörige der Gesellschaft sie als Ausländer behandeln.

100 Kalb und Welch machen dies am Beispiel blonder Kinder in Asien deutlich, die dort „the object of blatant curiosity“ (Kalb/Welch 1992: 79) werden können; die Kinder werden von Unbekannten angestarrt, angefasst oder umarmt, was auf die Kinder beunruhigend wirken kann. Die Autorinnen raten Eltern, den Kinder zu erklären, dass diese Reaktionen nicht bedrohlich sind und empfehlen Maßnahmen wie etwa das Tragen eines Hutes oder einer Mütze (ebd.: 80). Auch Schröder-Kühn und Richter raten in ihrem Werk *Kulturschock – Familienmanagement im Ausland* (2004), Kinder auf ungefragtes Streicheln, Kneifen oder Erkunden aufgrund von Haut- und Haarfarbe vorzubereiten (Schröder-Kühn/Richter 2004: 83).

101 und treffen deshalb oft auf Nachsicht, wenn ihr Verhalten nicht ganz den lokalen kulturellen Werten oder Sitten entspricht (vgl. Pollock/Reken Van 2003: 110).

102 Die sog. Tiefenkultur setzt sich nach L. Robert Kohls’ Vorstellung von Kultur als ein Eisberg (der in erkennbare Oberflächen- und unsichtbare Tiefenkultur unterteilt ist) zusammen aus Überzeugungen, Wertvorstellungen, Grundannahmen und Denkprozessen u.ä. (vgl. Kohls 2001: 25 ff.).

3.3.4 Heimliche Einwanderer

Die heimlichen Einwanderer dagegen sehen gleich aus, denken aber anders. Diese Kategorie ist von großer Bedeutsamkeit für die rückkehrenden TCK: Wenn TCK in Ländern aufwachsen, in denen sie äußerlich der Mehrzahl der Bürger des Landes gleichen, oder wenn TCK in ihre Heimatkultur zurückkehren, geht ihr Umfeld davon aus, dass sie genauso denken wie sie. Doch entscheidend ist, dass TCK „bei aller äußerlichen Ähnlichkeit doch innerlich das Leben durch eine Linse" (ebd.) betrachten, die sich wesentlich von der dominanten Kultur unterscheidet. Neigh formuliert zusammenfassend „I look like an American, but I don't feel completely American" (Neigh zitiert in Holmstrom 1998: online).

Für TCK in den Kategorien Adoptivkind oder heimlicher Einwanderer gilt keine Übereinstimmung von Objektivität und Subjektivität. Wiederholte Wechsel der Kategorien erschweren es den TCK, zu verstehen, wer sie in Beziehung zu der veränderlichen Kultur eigentlich sind. Fest steht dabei, wie Eidse und Sichel herausarbeiten: „They are ‚other' wherever they find themselves" (Eidse/Sichel 2004: 2).
Dieses Modell ist bei der Repatriationsproblematik relevant. Bei der Rückkehr wird das Umfeld die TCK fälschlicher Weise der Kategorie Spiegel zuordnen – jemand, der gleich aussieht, folglich auch gleich denkt und sich entsprechend verhält. Da rückkehrende TCK sich klassischerweise optisch nicht von der Gesellschaft ihrer Heimatkultur unterscheiden, gehen die Mitmenschen davon aus, dass TCK sich auch wie diese benehmen und sie verstehen. Auch die Erwartungen der Personen in der näheren Umgebung unterscheiden sich in den Phasen des Übergangs der Expatriierung und Repatriierung: Während die Einheimischen in der Gastkultur gewissermaßen erwarten, dass Neuankömmlinge „anders" sind und oft die einfachsten Dinge nicht wissen, erwarten die Zuhausegebliebenen, dass sich die Rückkehrenden sicher in der Umgebung bewegen (vgl. Stadler 1994: 178). Sie erwarten „dass [TCK] sich freudig und problemlos integrieren" (Hild 2004: 73).

TCK haben jedoch, wie dargestellt, die letzten Jahre meist andere Lebensweisen erfahren, kulturübergreifend gelebt, andere Schwerpunkte gesetzt, andere Interessen vertreten und einen völlig anderen Alltag verlebt als Gleichaltrige, die nicht umgezogen sind und in ihrem Heimatland enkulturalisiert sind. Dadurch gehören rückehrende TCK fast alle zu der Kategorie der heimlichen bzw. versteckten Einwanderer. Neigh erklärt dazu: „Es ist normal, ein Fremder in einem fremden

Land zu sein, [aber] viel schwieriger ist es, ein Fremder in der eigenen Kultur zu sein. Es sieht einem ja niemand an, dass man im Ausland aufgewachsen ist. Man ist ein *hidden immigrant*, ein unsichtbarer Immigrant“ (Neigh zitiert in Rampas 2004: online).
Problematisch ist, dass gleichzeitig TCK sich selbst ebenfalls der Kategorie Spiegel zuordnen. Diese Annahme ist ein Irrtum der Kinder und Quelle von Identitätsproblemen (vgl. 4.2 dieser Arbeit). „Dschungelkind“ Kuegler schätzt ihre Repatriation in Deutschland mit folgenden Worten ein:

> Ich bin jetzt da, wo ich eigentlich hingehöre – schließlich ist meine Haut weiß, meine Haare sind blond und meine Augen grün. Dies ist meine Welt, Europa ist meine Herkunft, und dies ist meine neue Heimat (Kuegler 2005: 303).

Pollock und Van Reken erläutern den Hintergrund so:

> Jahrelang war ihnen [den TCK] klar, dass sie anders waren, aber sie konnten es entschuldigen, weil sie ja wussten, dass sie Asiaten in England, Afrikaner in Deutschland oder Kanadier in Bolivien waren. Diese Rechtfertigung für das Anderssein besteht nun nicht mehr und sie gehen davon aus, dass sie endlich genauso sind wie alle anderen (Pollock/Reken Van 2003: 278).

Ein weiterer Erkärungsansatz für die Wiedereintrittsproblematik ist, dass TCK in vielen *Expat*-Gesellschaften sehr wohlbehütet ein „sheltered life“ (Storti 2003: 118) leben. Für jugendliche TCK z.B. werden bei dem Besuch einer Schule in der Erstkultur die strengen Auflagen der Sponsororganisation, des Elitestatus’ oder der wohlbehüteten Kindheit im Ausland obsolet. Heidrun Schröder-Kühn[103] und Marlene Richter[104] verweisen außerdem auf die im Passland „nicht mehr durch die Schule gestaltete und kontrollierte Freizeit“ (Schröder-Kühn/Richter

103 Schröder-Kühn bereitet als Diplom-Pädagogin seit mehr als 25 Jahren Firmenentsandte und deren mitausreisende PartnerInnen auf Auslandsentsendungen vor und gilt als eine der erfahrensten interkulturellen Trainerinnen in Deutschland. Sie selbst war Mitausreisende in Algerien (vgl. Schröder-Kühn/Richter 2000: 208).

104 Richter hat als Diplom-Psychologin langjährige Trainingserfahrungen im interkulturellen Bereich. Sie arbeitete in afrikanischen Ländern und lebte sechs Jahre als Mitausreisende in Thailand (vgl. ebd.)

2004: 165), die zu Reintegrationsschwierigkeiten führen kann. Beide betonen dabei die neuen Freiheiten des außerschulischen Bereichs und den Umgang mit den im Ausland nicht erlebten Unabhängigkeiten. Z.B. erfahren einige TCK bei der Repatriation erstmals das Gefühl, „sich mit dem Fahrrad [zu] bewegen“ und „keinen Chauffeur mehr zu haben“ (ebd.). Schuleschwänzen, Rauchen, Alkohol- und Drogenkonsum, Gewalt und Schutzgelderpressung unter jugendlichen Schülern gehören u.U. zum Schulalltag im Heimatland, sind den meisten TCK jedoch fremd und führen zu Wiedereintrittsproblemen. Es gibt also viele Seiten eines „normalen“ Teenager-Daseins, wie Nebenjobs oder Hobbys, die ein TCK nicht kennt. Storti beschreibt das Paradoxon der TCK-Erfahrungen anschaulich:

> They may know how to change planes at Heathrow or how to bargain with merchants in Cairo, but they may never have used an ATM machine, don't have a cell phone, and have never bought a condom (Storti 2003: 118).

Zusätzlich zu den genannten Erklärungsansätzen lässt sich die Wiedereintrittsproblematik auch auf sog. „falsche Ängste“ (Pollock/Reken Van 2003: 280) zurückführen, die sich in Gefühlen der Illoyalität dem ehemaligen Gastland gegenüber und der Sorge, die eigene gefühlte Identität aufgeben zu müssen, manifestieren.[105] TCK haben bei der Rückkehr nicht nur falsche Ängste, sondern falsche Erwartungen, welche sie als Rückkehrer an das Heimatumfeld stellen, und die von diesem nicht erfüllt werden. Diese falschen Annahmen und Konditionen, mit denen TCK-Familien in ihre Heimatkultur zurückkehren, sind ebenfalls Gründe für die auftretenden Probleme (vgl. Ramsey/Schaetti 1999 a). D.h., Rückkehrer können nicht davon ausgehen, dass sie an Beziehungen nahtlos anknüpfen können oder diese noch immer erfüllend sind. Freunde und Familie haben u.U. wenig Interesse, vom Leben im Ausland erzählt zu bekommen. Die Interessen der Rückkehrer selbst haben sich nach Jahren vermutlicht geändert. Ferner werden rückkehrende Familien bitter enttäuscht, wenn sie meinen, ohne Probleme in ein Zuhause zurückkommen zu können. Ebenso täuschen sie sich, wenn sie annehmen, ihre Erfahrungen, ihre neue Perspektive und Einstellungen

105 Ein Beispiel: „wenn ich zulasse, dass es mir hier gefällt, bedeutet das, dass es mir dort in Wirklichkeit nicht gefallen hat“, oder: „wenn ich mich anpasse und einfüge, verliere ich vielleicht die Erinnerung an den Ort, wo ich aufgewachsen bin, und meine Entschlossenheit, dorthin zurückzukehren“ (Pollock/Reken Van 2003: 280).

würden geschätzt und gefragt. Die Wiedereintrittsproblematik ergibt sich demnach aus diversen Gründen, die aus dem mobilen, kulturübergreifenden und bestimmten Lebensstil der TCK hervorgehen. Erstaunlicherweise wird trotzdem besonders die Repatriation in ihrer ernüchternden Brisanz unterschätzt.
Erst durch die Konfrontation mit der Wiedereintrittsproblematik in das angebliche Heimatland und durch die Assoziationen mit dem Gastland erhält „Heimat“ für TCK eine neue Bedeutung wie der folgende Abschnitt beleuchtet.

3.4 Heimat – Ihre Bedeutung für Third Culture Kids

Zuhause ist gängiger Weise der Ort, an dem man geboren und aufgewachsen ist, wo „das innerliche Eigene, also das Selbst, wurzelt“ (Boesch 1996: 97), an dem die Muttersprache gesprochen wird und in dem man sich instinktiv „richtig“ bewegt und verhält. Ein Sichzuhausefühlen besteht dabei neben dem Gefühl von Sicherheit und Geborgenheit auch aus Verständnis sowie Verständigung und Zugehörigkeit. Wie Schütz in seinem Werk *Der Heimkehrer* (2002 b) formuliert, ist:

> [s]ich ‚zu Hause' oder ‚heimelig' zu fühlen .. ein Ausdruck für den höchsten Grad der Vertrautheit und Intimität. Das Leben zu Haus folgt einem organisierten Routinemuster: es hat seine wohlbestimmten Zwecke und gut ausprobierten Mittel dafür, die aus einem Komplex von Traditionen, Gebräuchen, Institutionen, Zeitplänen für die verschiedenen Tätigkeiten usw. bestehen (Schütz 2002 b: 96).

Auf diesen vertrauten Kontext bezieht sich auch Storti, der folgende drei Schlüsselelemente der Heimat darlegt:

1. „familiar places“
2. „familiar people“
3. „routines and predictable patterns of interaction” (Storti 2003: 5).

Die Beschreibung und Wahrnehmung von Heimat erfasst somit subjektive Erfahrungen sowie emotionale Verbindungen. Singer erklärt dieses Verhältnis:

> Der territoriale Bezug von Heimat ist nämlich gewissermaßen auf dem Treibsand der Erinnerung ge-

> baut. Denn die Koordinaten der Erinnerung sind Ort und Zeit. Erinnerungen werden mit bestimmten Orten verbunden, Erfahrungen werden lokalisiert (Singer 1997: 126).

Stortis Schlüsselelemente von Heimat mit der Betonung auf *familiar*, d.h., dem Vertrauten, Bekannten und Gewohnten, gelten für die Rückkehrerfahrungen von TCK nicht. Für zurückkehrende TCK gibt es im Heimatland selten gewohnte Orte, an denen sie sich instinktiv orientieren können.[106] Im Gegenteil: „It may be home, but you are going to have to learn how to get around" (Storti 2003: 5). Noch seltener leben dort Bekannte, Vertraute oder Menschen, mit denen man ein Vertrauensverhältnis pflegt. Auf Routine und voraussehbare oder einschätzbare Interaktionen können TCK in der Erstkultur ebenfalls nicht zurückgreifen, da verbale und nonverbale Kommunikation bzw. die Kulturdimensionen zur Zweitkultur variieren können.

Als äußerst relevant festzuhalten ist, dass die Rückkehr der TCK in ihre angebliche Heimat in keinem der drei Elemente einem Nachhausekommen entspricht. Storti hält treffend fest: „If home is anything, it is certainly a place you should not have to get used to" (Storti 2003: 12). Die wesentliche Erkenntnis für viele in ihr Heimatland rückkehrende TCK ist „home is really not home" (ebd.: 4).

TCK ziehen zu oft um und leben an „zu" vielen verschiedenen Orten, als dass sie Zeit haben, zu einem dieser Orte eine tiefere Beziehung aufzubauen. Geographisch betrachtet bedeutet Heimat für TCK Folgendes: Das Gastland ist für sie zunächst das Land, in dem die Eltern arbeiten. Es ist (vorerst) nicht die Heimat. Nachdem TCK dort mehrer prägende Jahre verbringen, ist es allerdings auch nicht die Fremde. Das Gastland ist später, wie Georg Pflüger, Direktor der deutschen Fernschule in Wetzlar und Vater von TCK, festhält, eigentlich die „heimliche Heimat" (Pollock/Reken Van 2003: 373). Und umgekehrt ist die Heimat zunächst das Passland. Das Passland erweist sich aber bei der Repatriation nicht als Heimat, schließlich ist die eigentliche Heimat „die heimliche Fremde" (ebd.).

106 Vgl. zur Bedeutung von geographischen Orten für TCK den Aufsatz *Emplacing Our Lives: The Role of Place in the Lives of Third Culture Kids* (2004) von John Benson vom *Elementary and Early Childhood Education Department* der *Minnesota State University.*

Die Heimat der TCK ist jedoch nicht primär durch Geographie beschrieben, sie löst sich stattdessen vom Heimatland oder einem anderen spezifischem Ort. Für viele TCK definiert sich ein Gefühl der Heimat vielmehr über soziale Beziehungen (vgl. Eidse 2004: 180) und findet sich in den Kernfamilien wieder. Religion, Sprache und Erinnerungen, die TCK stets mit sich tragen und auf die sie zurückgreifen können, schließen für TCK das Gefühl von Heimat ein.

Die Mobilität der globalen Nomaden führt dazu, dass TCK zu „Wanderern zwischen den Welten“[107] (Griese 2004: online) werden. Ihr Zuhause wird mobil und gleichzeitig unpräzise, wie folgende Aussagen illustrieren:

- „*Home* is a foreign word in my vocabulary and always will be" (Conroy 2004: 108)
- „I come from a country that has no name" (ebd. 111)
- „I wouldn't be defined by place; I was not from anywhere ... Home was not a place, not a country" (Sichel 2004: 184).
- „Someone has said that the only place a missionary kid really feels at home is on the airplane, suspended between two worlds" (Savage Plueddemann o.J.: online)
- „I'm a stranger everywhere and a stranger nowhere" (Conroy 2004: 111)
- „Home for me was the comfortable familiarity of constant change" (Edwards Wertsch 2004: 123)

Die Hintergründe dieser Zitate und die Konsequenzen dieser paradoxen Situationen werden im folgenden Kapitel deutlich.

107 Diese Bezeichnung leitet sich von Walter Flex' Werk *Der Wanderer zwischen beiden Welten. Ein Kriegserlebnis* her. 1939 hatte dieses eine Auflage von über einer halben Million Exemplare (vgl. Treibel 2003: 102).

4 Ein Leben zwischen mehreren Kulturen

„In verschiedenen Wirklichkeiten zu leben, bedeutet zu Beginn des 21. Jahrhunderts auch, an mehreren Orten fremd und heimisch zugleich zu sein."
(Wierlacher/Albrecht: 2003: 280)

Wie das vorangegangene Kapitel zeigt, kann die Erstkultur von TCK nicht als Heimat beansprucht werden (vgl. Hamann/Sieber 2002: 9). Die angebliche Heimat ist für sie *unhomely* (Kley 2002: 54) und zeigt, wie der postkoloniale Theoretiker Homi Bhabha zur globalisierten Welt und deren Verunsicherungen bemerkt, die Unmöglichkeit auf, sich an einen behüteten Ort zurückzuziehen (vgl. Bhabha 2000). Eine Erklärung hierfür liefert Ernst Boeschs Ansatz der Schlüsselerlebnisse während des ersten Lebensdrittels. Der Autor definiert in seinem Text *Das Fremde und das Eigene* (1996), dass das, „was für uns Heimat ist" (Boesch 1996: 97), jene Erfahrungen sind, „in denen wir unser Handlungspotential erproben und festigen" (ebd.). TCK können aufgrund der Mobilität keine stabile Basis und aufgrund ihrer transkulturellen Enkulturation kein eindeutiges Wertesystem oder intaktes Zugehörigkeits-Bewusstsein entwickeln. Folglich wissen sie oft nicht, „wer sie sind und wo sie hingehören" (Pollock/Reken Van 2003: 51). Sie führen ein Leben zwischen mehreren Kulturen.

4.1 Entortung – Die Folge von Verlusten

Eine fehlende Bindung an physikalisch definierte Räume, Plätze oder Orte hat einen Mangel an identitätsrelevanter Zugehörigkeit, Vertrautheit oder Geborgenheit zur Folge. TCK sind chronisch entwurzelt. Mit dieser Entwurzelung[108] seien, so die Soziologin Treibel, die Betroffenen ihrer „kulturellen und normativen Orientierung beraubt" (Treibel 2003: 102) und sowohl von der Gastkultur als auch von „der Herkunftsgesellschaft entfremdet" (ebd.: 108), was die geschilderte Wiedereintrittsproblematik bei TCK unterstreicht. Diese Entwurzelung und eine damit einhergehende Heimatlosigkeit sind Charaktereigenschaften der TCK.[109] Die französische Philosophin Simone Weil sieht allerdings in

108 Ich verweise an dieser Stelle auf den amerikanischen Historiker Oscar Handlin und sein Werk *The Uprooted. From the Old War to the New* (1951), in dem eine Entwurzelung bereits für den Wandernden des 19. Jahrhunderts gilt.

109 TCK ist eine Heimatlosigkeit eigen, die kombiniert mit Rastlosigkeit dem entspricht, was Zygmunt Bauman für den Pilger als modernen Menschen

der (für TCK nicht gegebenen) Verwurzelung „vielleicht das wichtigste und meistverkannte Bedürfnis der menschlichen Seele" (Weil zitiert in Erdheim: 1993: 174). Dieses können TCK nicht befriedigen, da ihre Welt zu beweglich ist, um sie verwurzeln zu lassen. „Wenn ein Baum zu oft verpflanzt wird, kann er keine tiefen Wurzeln schlagen" (Pollock/Reken Van 2003: 87).
Faith Eidse, die als Missionarstocher in Zaire, Kanada und USA aufwuchs, und Nina Sichel, die als US-Amerikanerin in Venezuela lebte[110], sprechen deshalb von der TCK-Kindheit als „unrooted childhood" (Eidse/Sichel 2004). Besonders die Fragen nach dem Zuhause oder ein „Woher kommst du?" sind für TCK komplex und verwirrend,[111] denn TCK fragen sich:

- was meint die Person mit „woher"?
- fragt sie nach meiner Nationalität?
- oder will sie wissen, wo ich geboren bin?
- meint sie „Wo wohnst du jetzt?"
- oder „Woher bist du heute gekommen?"
- oder „Wo wohnen deine Eltern jetzt?"
- oder „Wo bist du aufgewachsen?"
- bzw. „Welche Zeit in meinem Leben meinst du?"

---

bescheinigt: „Heimweh ist ein Traum von Zugehörigkeit – wenigstens einmal nicht nur *an* einem Ort, sondern auch *von* dort zu sein" (Bauman 1997: 59).

110 Sichel unterrichtet Englisch als Fremdsprache und ist in den USA Beraterin für Landarbeiter und Flüchtlinge aus Mexiko, Zentralamerika und der Karibik.

111 Schaetti antwortet auf die Frage: „Woher kommst du?" in einem Interview wie folgt: „I usually respond that I live in Seattle (Washington, USA). My father is originally Swiss, my mother US American; both were born in India and lived international childhoods themselves. I was born in the US, moved to South America when I was 14 months old, and then proceeded to live in ten countries on five continents by the time I was eighteen, moving internationally twelve times by the age of twenty-three. Most of my earliest years were in Francophone countries in North and West Africa and in Europe, so there's very much a part of me that is only truly ‚at home' when I'm in a French-influenced environment. There was also a lot of ‚British-ness' to my family because of my parents' childhoods in colonial India and the Middle East, and because I lived in England and went to grammar school there for two years when I was eight and nine. Without discounting Asia—Singapore was a very important coming-of-age place for me—or the strong draw that I have for West Africa, I usually think of myself as a second-generation dual-national global nomad with a strong European influence" (Grose/Schaetti 2002: online).

(vgl. Pollock/Reken Van 2003: 138f.)

Als globale Nomaden, die sich durch hohe Mobilität und transkulturelle Wege auszeichnen, betrifft TCK das, was der vietnamesische Politikwissenschaftler Kien Ngi Ha in seinem Werk *Ethnizität und Migration Reloaded* (2004) fordert:

> Wenn die zeitliche und räumliche Wahrnehmung von Kultur und Identität z.B. in Form von Nation und Heimat bisher ohne Zweifel von etwas natürlich Gegebenen ausging, dessen Wurzeln tief in die Geschichte reichten und in der Gemeinschaft fest verankert waren, dann ist es Zeit, diese ‚roots' mit ihrem sprachlichen Doppelgänger, den anderen ‚routes', bekanntzumachen (Ha 2004: 139).

Als charakteristisches Merkmal von TCK kommt zu der chronischen Wurzellosigkeit also ein Gefühl der Rastlosigkeit hinzu. D.h., TCK sind nicht nur „rootless" sondern auch „routeless". Ältere und erwachsene TCK entwickeln aufgrund dieser Rastlosigkeit einen sog. Migrationsinstinkt, der das wiederkehrende Gefühl vermittelt „es sei wieder einmal Zeit zum Umziehen, selbst wenn es gar nicht so ist" (Pollock/Reken Van 2003: 143).[112]
Aber auch gegenteilige Reaktionen sind auf die hohe Mobilität und erlebte Wurzellosigkeit bei TCK zu beobachten: Viele begegnen der Rastlosigkeit und Ruhelosigkeit der Kindheit/Jugend statt mit weitergelebter Mobilität schließlich mit „trotziger Starre" (ebd.), lassen sich nieder, um „nie wieder umzuziehen" (ebd.), endlich sesshaft zu werden und ihren eigenen Platz zu finden.

Peter Bründl, Leiter der Abteilung der Kinder- und Jugendlichenpsychotherapie der Münchner Arbeitsgemeinschaft für Psychoanalyse, schreibt: „Migration evoziert grundsätzlich und in allen Lebensphasen Trauer darüber, was zurückgelassen werden musste" (Bründl 2005: 9). Die meisten TCK durchleben noch vor Ende ihrer Pubertät eine Anhäufung von Verlusten. Die Verluste, die TCK beklagen, sind aufgrund

112 Pollock und van Reken formulieren hierzu bildlich: „Watching birds flying south for the winter can evoke the same ingrained, migratory instincts" (Pollock 1999: online). McCaig erklärt diesen Migrationsinstinkt mit den Worten: „Just watching the travel channel makes you itchy" (McCaig 2001: online). Die Rastlosigkeit kann im Erwachsenenalter verheerende Folgen für das Berufs-/Familienleben haben (vgl. Gray-Block 2003).

ihrer Mobilität und des Lebensstils regulärer, intensiver und öfter mit Einsamkeit verbunden als bei Menschen, die Verluste erleiden aber kontinuierlich in einer Gemeinschaft leben (vgl. Schaetti o.J. c). TCK verlieren, „sobald die Tür der Flugzeugkabine hinter ihnen schließt" (Pollock/Reken Van 2003: 187) bewusst und unbewusst wiederholt:

1. ihre Welt,
2. ihren Status,
3. ihren Lebensstil,
4. ihre Beziehungen,
5. ihre Vergangenheit

(vgl. ebd.: 186ff.).

4.1.1 Welt

TCK lassen mit jedem Umzug nicht nur einen Ort, sondern ihre ganze Welt zurück. Die Germanistin Telse Hartmann beschreibt hierzu in dem Artikel *Zwischen Lokalisierung und Deplazierung* (1999) die Konsequenz wie folgt:

> Der Verlust des Ortes, aus dem man stammt und in den man zurückkehren kann, steht ... für das Wegfallen der Möglichkeit, auf nicht-beliebige, vertraute Inhalte und Strukturen zu rekurrieren (Hartmann 1999: online).

Sie verlieren nicht bloß die kulturelle Stabilität durch verlässliche Bezugssysteme, sondern mit jeder Relokalisation verschwindet jeder Spielplatz, auf dem gespielt wurde, jeder Baum, auf den geklettert wurde, jedes Haustier, das je lieb gewonnen wurde oder praktisch jeder Freund.[113] Obwohl dieser Verlust für Kinder/Jugendliche dramatisch ist, wird ihnen selten Zeit und Raum zum Trauern gegeben, denn „morgen sind sie ja schon in Bangkok zum Sightseeing, und dann fliegen sie noch an vier weitere aufregende Orte, bevor sie ... die Verwandten wieder sehen, die begierig auf sie warten. Wie können sie da traurig sein?" (Pollock/Reken Van 2003: 187). Die Trauer um den Verlust ihrer Welt wird den TCK nicht zugestanden und der Umgang mit ihr verwehrt. Die unverarbeitete Trauer, charakteristisch für TCK, wird im Verlauf dieser Ausführungen detailliiert beleuchtet.

---

113 „Dschungelkind" Kuegler beschreibt die ersten Tage „nach dem Flug" (Kuegler 2005: 301) von Indonesien nach Deutschland und der Zugfahrt in die Schweiz wie folgt: „Es war wie im Bilderbuch. Die Trauer, der Dschungel, die Fayu, meine Familie, alles verschwand in Windeseile irgendwo in den Tiefen meiner Erinnerung, um später umso schmerzhafter wieder aufzutauchen" (ebd.:303).

4.1.2 Status

Mit einer einzigen Flugreise verschwindet mit der Welt der TCK auch ihr Platz darin. Die Kinder/Jugendlichen verlieren ihren Status, mit dem sie eine bestimmte Position einnehmen. Wie unter dem Aspekt der Transition geschildert, leiden sie bei häufiger Relokalisation unter einem Statusverlust, da sie im gegenwärtigen Umfeld nicht (an)erkannt werden. Bei dem Pendeln zwischen vielen verschiedenen Orten wiederholt sich diese Art von Verlust.

4.1.3 Lebensstil

Mit Ortswechseln geht die Änderung des Lebensstils einher. Das zentrale Bedürfnis, sich in seiner Welt zurechtzufinden und zu orientieren (vgl. Thomas 2004: 132), muss bei jeder Relokalisation neu befriedigt werden. Die Verluste von Selbstverständlichkeiten, Kausalitäten, Kontinuität und Zuversicht sind für Kinder/Jugendliche gravierend. Für sie ändert sich der Alltag und damit das Gefühl von Souveränität in ihm sowie Sicherheit durch ihn. TCK verlieren Möglichkeiten des Zeitvertreibs, der Fortbewegung, der „Lieblingsleckereien" (Pollock/Reken Van 2003: 187).
Der Mangel an Beständigkeit äußert sich ebenso im Verlust von Besitztümern (wie Spielzeug oder Mobiliar), die den Kindern Geborgenheit suggerieren. Bei internationalen und interkontinentalen Umzügen bleibt das Eigentum aufgrund von Gewichts- und Umfangsbeschränkungen bei Verschiffungen oder Flügen oft zurück. Mit ihnen geht den TCK ein Teil ihres Lebens und die entsprechende Sicherheit verloren.

4.1.4 Beziehungen

Mobilität, Umzüge und Abschiede führen auch zur Entsagung sozialer Kontinuität und mangelnder Zuversicht in zwischenmenschliche Beständigkeit. Neben dem Verlust von Beziehungen und einem ständig wandelnden Freundeskreis handelt es sich auch um chronisch auseinander gerissene Familienstrukturen (wie zwischen den TCK und ihren Großeltern, Tanten, Onkeln etc.). D.h., durch die Mobilität der TCK entstehen Trennungen innerhalb der Familie, während die Kinder noch sehr jung sind. Auch innerhalb der Kernfamilie kommt es häufig zu Verlusten, da ältere Geschwister aufgrund der Schulproblematik bei hoher Mobilität häufig auf Internate wechseln oder im Heimatland die Schule beenden, während die jüngeren Geschwister mit den Eltern im Gastland leben.

Ein weiterer sozialer Verlust ist der von Vorbildern. TCK haben als Teenager in Übersee oftmals keinen Kontakt zu Menschen ihrer Heimatkultur in der Altersgruppe unmittelbar über ihnen. Es fehlen daher Rollenvorbilder für das junge Erwachsenenalter wie z.B. Studenten oder Berufsanfänger.

4.1.5 Vergangenheit

Einige TCK beklagen Erlebnisse, die ihnen aufgrund ihres Lebensstils entgangen sind. Sie empfinden Trauer über den Verlust der Vergangenheit, „die es nie gab" (ebd.: 191). Zu diesen „unwiederbringlichen Verlusten ihrer Kindheit" (ebd.) zählen z.B. versäumte Familientraditionen der erweiterten Familie, die Schulwahl oder die ungewollte Repatriation. Umgekehrt spielt auch der Verlust der Vergangenheit, die es sehr wohl gab, eine entscheidende Rolle. Die hochmobilen TCK haben nicht die Möglichkeit, vor Ort in Erinnerungen zu schwelgen, da sie nicht an Orte oder in beständige Gesellschaften zurückkehren können. Diese Reihe von Verlusten ergänzt fügt Sophia Morton, die als australisches TCK in Papua-Neuguinea aufwuchs, um die Zukunft, die nicht eintrifft. Sie nennt in ihrem Text *Lass uns eine Welt besitzen* (2003) folgendes kindliches Beispiel:

> Am letzten Weihnachtsfest dort schenkte uns jemand zwei riesige Teddybären – drei Monate, bevor wir fort gingen. Ich weiß noch, wie ich meine Habseligkeiten sortierte und versuchte zu entscheiden, was ich ... zurücklassen sollte. Es waren die Teddybären, um die ich weinte. Mum versuchte mich zu trösten ... und sagte [mir], ich hätte die Teddys doch noch gar nicht so lange gehabt, sie seien schließlich nicht meine Lieblingsspielsachen. Aber das war es ja gerade, was mich so traurig machte. Ich hatte keine Chance, sie zu geliebten Kuscheltieren werden zu lassen. Ich weinte ... um das, was hätte sein können (Morton 2003: 351).

Alle diese Verluste sind paradoxerweise bedingt durch den Reichtum des TCK-Daseins. Sie werden oftmals nicht anerkannt oder eingestanden gerade weil sie in die vielen Vorteile des TCK-Lebens eingebettet sind und aus den positiven Aspekten des kulturübergreifenden Aufwachsens, der Mobilität und Pluralität entstehen. Pollock und Van Reken bezeichnen sie deshalb als „verborgene Verluste" (Pollock/Reken Van 2003: 186).

Aus dem Problem, Verluste zu verdrängen und Trauer abzulehnen, manifestiert sich eine für TCK typische „unverarbeitete Trauer" (ebd.). Für diese gibt es „keine Meilensteine, keine Übergangsriten [und] keine erkennbare Form des Trauerns" (ebd.: 192). Schaetti beschreibt ihr persönliches Problem der unverarbeiteten Trauer, die sie bis ins Erwachsenalter begleitete und die bei ihr bei Abschieden einen „emotional goodbye button" (Schaetti o.J.c: online) auslöst:

> It's taken me years to figure out how to respond when even small goodbyes trigger mudslides of denial and emotion. For example, 24 hours before my fiancée leaves for a three day business trip I start withdrawing. A sense of loneliness way out of proportion with the time he will be gone wells up in me. And as I'm driving away from dropping him at the airport, I always cry ... I know it's less about him leaving than it is about my emotional goodbye button getting a firm push (ebd.).

Die Gründe für diese unverarbeitete Trauer liegen neben den verborgenen, verkannten Verlusten in folgenden weiteren Aspekten: Unverarbeitete Trauer kann daher rühren, dass nicht genügend Zeit und Raum zur Verarbeitung der Verluste bleibt. Technologien wie die Reise per Flugzeug provozieren schnelle, plötzliche Wechsel, „harsche Übergänge" (Pollock/Reken Van 2003: 374) und machen eine intensive Auseinandersetzung und Verarbeitung von Verlust und Trauer schwierig, weil dafür kein Raum existiert.[114] Schaetti beschreibt diesen Umstand aus der Sicht des Betroffenen anschaulich:

> Planes take off ... and land half a world away in a matter of thirteen hours. Air journeys don't lend themselves to grieving. You're dehydrated (no way to cry), cramped (no room to draw a breath) and in a public area (the person next door is not going to be thrilled about witnessing your emotional squall) (Schaetti o.J.c: online).

114 Eine Mutter von TCK berichtet deshalb: „Wir sind nicht mit dem Flugzeug zurückgekommen. Das bedeutet ja in zwölf Stunden nicht nur auf einem anderen Kontinent und in einem anderen Klima, sondern dann auch plötzlich in der neuen Heimat anzukommen. Nein, wir sind per Containerschiff nach Europa zurückgefahren. Und die 17 Tage auf dem Schiff ohne Sonderprogramm ... waren eine herrliche Möglichkeit, ‚en famille' den Heimatwechsel vor- bzw. nachzubereiten" (Schröder-Kühn/Richter 2004: 160).

Die Trauer wird darüber hinaus oftmals nicht zugelassen, weil die Kinder/Jugendlichen den Erwartungen und dem sozial sanktionierten Verhalten der *Expat*-Gemeinschaft unterliegen. Verluste und Trauer der TCK werden einerseits von den Eltern übergangen, andererseits von den Kindern stillgeschwiegen und somit unverarbeitet „vergraben" (Pollock/Reken Van 2003: 196). Wenn bspw. Eltern ihre Kinder ermahnen, beim Abschied nicht zu weinen, nehmen sie deren Schmerz nicht ernst. Sie vermitteln mit Aussagen wie „Keine Sorge. Ihr werdet schnell neue Freunde finden, wenn wir ankommen" (Pollock/Reken Van 2003: 196) die Botschaft, ihr Kind sollte nicht traurig sein.[115] Nach Pollocks und Van Rekens Erkenntnis, erinnern Erwachsene unter dem Einfluss der Sponsororganisationen Kinder auch daran, das Traurigsein „mit einem höheren Gut" (ebd.) abzuwägen. Verluste sollen im Sinn der Sponsororganisation mit den Beweggründen des Auslandsaufenthaltes (z.B. „das Land verteidigen oder repräsentieren, die Welt retten, genug Geld verdienen" (ebd.)) aufgewogen werden – dies wird von den Kindern erwartet. D.h. z.B., dass Kinder auf einer Militärbasis aufgefordert werden, „tapfere Soldaten" (ebd.: 193) zu sein, oder dass im Missionsumfeld, wo das Eingestehen von Leid als Schwäche oder gar Verleugnung des Glaubens gilt, hilflose Gefühle wie Schmerz oder Trauer von Erwachsenen nicht gebilligt werden (vgl. ebd.). In diesem Szenario wird den Kindern die Möglichkeit verwehrt, ihre Gefühle zuzulassen. Die Reaktion der TCK ist, wie Eidse und Sichel schildern, folgende: „Wherever they land, they must start over. ... They learn to silence the loss and pain of frequent separation, and to pretend bravado" (Eidse/Sichel 2004: 81).

Als weiteren Grund für unverarbeitete Trauer geben Pollock und Van Reken eine „Furcht vor der Verleugnung des Guten" (Pollock/Reken Van 2003: 186) an. TCK gestehen sich die Verluste nicht ein, weil sie das Gefühl haben, mit ihrer Trauer die positive Bereicherung des mobilen Lebensstils zu schmälern und ihre (neue) Gegenwart zu negieren.[116]

115 Pollock und Van Reken unterscheiden bei der Unterstützung durch die Eltern zwischen Trost (als Zuspruch und somit Berechtigung der Trauer) und Ermutigung (die den Blickwinkel des Trauernden verändern soll). Beides sollte nicht verwechselt und dem Kind jeweils zuteil werden (vgl. ebd.: 195).

116 „Wenn sie zugeben, wie traurig es für sie war, Oma im Heimatland zurückzulassen, kommt es ihnen so vor, als verleugnen sie damit, wie sehr sie sich auf die Rückkehr zu ihren Freunden im Gastland freuten. Wenn sie sagen, es sei ihnen schwer gefallen, das Dorf zu verlassen, in dem sie aufgewachsen waren, könnte das bedeuten, dass sie all die Mühe, die ihre Verwandten im Heimatland sich gaben ... nicht zu schätzen wüssten" (ebd.).

Zu den Reaktionen der TCK auf diese unverarbeitete Trauer gehört zum einen die Verleugnung von Traurigkeit, oder die Behauptung, „darüber hinweg" (ebd.: 198) zu sein. Zum anderen gehören Zorn und eine Abwehrhaltung zu den Ausdrucksformen der unverarbeiteten Trauer. Auch kann die „Schutzmauer" mit jeder neuen Trauersituation immer höher werden. Bei vielen erwachsenen TCK tritt die unverarbeitete Trauer deutlich verzögert und überraschend ein. Eine weitere Erscheinungsform unverarbeiteter Trauer sind deshalb Depressionen, wobei für viele TCK das Problem darin liegt, den Verlust zu erkennen und die Trauer zuzulassen. Die Trauer kann sich auch äußern, indem der persönliche Kummer auf den anderer Menschen in ähnlichen Situationen projiziert wird. Diese „stellvertretende Trauer" (ebd.: 200) führt dazu, dass TCK z.B. bei Abschiedszenen fremder Menschen weinen, denn, wie Schaetti deutet: „The ‚goodbye at the airport' scenario takes on gothic, mythic overtones for the global nomad" (Schaetti o.J.c.: online).

Nachdem beleuchtet wurde, wie das Leben zwischen den Kulturen sich in Heimat-, Wurzel- und Rastlosigkeit äußert und welche Verluste TCK wiederholt durchleiden, sollen im Folgenden die Auswirkungen der Entortung deutlich werden. Das Leben zwischen den Kulturen findet in Marginalität und Liminalität statt und geht mit diametralen Reaktionen einher, die ebenso wie gegensätzliche Anpassungs- bzw. Abgrenzungstaktiken im folgenden Abschnitt beleuchtet werden:

4.2 (Aus-)Wirkungen der Entortung

Wie Otto von Habsburg festhält: „Wer nicht weiß, woher er kommt, weiß nicht wohin er geht, weiß daher nicht wo er steht" (Hofstede 1993: 279). TCK fehlt diese Basis, zu wissen, woher sie kommen und wohin sie aufgrund ihrer Mobilität gehen, denn sie sind wurzel- und heimatlos. TCK haben Schwierigkeiten, ihren eigenen Weg zu finden, ihren Platz in der Gesellschaft zu entdecken und sich zu positionieren.

4.2.1 Liminalität – Zwischen Vergangenheit und Zukunft

Wie beschrieben sind die Entwicklungsjahre der TCK von geographischen Veränderungen und multiplen kulturellen Einflüssen gezeichnet. Im Kern der dargestellten Übergangserfahrungen liegt ein sozial-psychologisches Konstrukt, das die Transition um eine zeitliche Komponente ergänzt. Bei dieser sog. Liminalität[117] handelt es sich um

117 Das Wort *liminality* ist abgeleitet vom Griechischem „limnos" – auf Englisch „threshold" (Ramsey/Schaetti 1999 b: online) also zu Deutsch „Grenz-

Grenzbereiche oder Schwellen, die im Wesentlichen das TCK-Dasein mitbestimmen, in/auf denen sich TCK chronisch befinden und durch welche die Welt der TCK zu verstehen ist. Ramsey und Schaetti definieren Liminalität in ihrem Text *The Global Nomad Experience – Living in Liminality* (1999 c) wie folgt:

> Liminality describes an in-between time when what was, is no longer, and what will be, is not yet. It is a time rich with ambiguity, uncertainty, and the possibility of creative fomentation (Ramsey/Schaetti 1999 c: online).

TCK können, so die Autorinnen, nicht länger ihr „altes" Leben („what was, is no longer" (ebd.)) weiter führen, aber gleichzeitig sind sie auch noch nicht Teil des neuen Lebens („what will be, is not yet" (ebd.)).[118] Sie befinden sich in einer „Weder-Noch-Welt" (Pollock/Reken Van 2003: 17) – „in a liminal space" (Ramsey/Schaetti 1999 c: online). Der mobile Lebensstil der TCK mit seinen häufigen Umbrüchen führt dazu, dass TCK sich wiederholt an und in diesem sozial-psychologischen Grenzbereich befinden, der mit Ungewissheit und Unsicherheit verbunden ist. Trotz negativer Konnotation fungiert Liminalität als Bindeglied zwischen den zentralen Themen des TCK-Daseins. D.h., die häufigen Veränderungen und der Wechsel zwischen Ländern und Kulturen sind immer von Liminalität begleitet. Auch ist diese mit den für TCK typischen Beziehungsmustern verflochten (vgl. 5.2 dieser Arbeit). Sie steuert wesentlich zur Transkulturalität der TCK bei, da sie eine Rolle bei der für TCK charakteristischen Weltsicht spielt, indem durch sie und in ihr vielfältige und vielschichtige Ansichten möglich werden – Ramsey und Schaetti sprechen von *multiplistic perspectives* (vgl. Ramsey/Schaetti 1999c: online.).

Ein Leben in Liminalität fördert die Verflechtung von dem, was nicht länger ist, und dem, was noch nicht ist, und verbindet somit die verschiedenen Welten der TCK. Sie sind so in der Lage, „sowohl als auch" („both/and" (ebd.)) anstatt „weder noch" zu denken und handeln. Ramsey und Schaetti betonen den Vorteil: „Liminality reinforces that it is a

bereich"/„Schwelle".

118 Liminalität wird auch mit dem Ablauf von Übergangsritualen assoziiert, d.h. mit dem mittleren, liminalen Stadium, das als Transformationsstadium verunsichert und den Initianden gewohnt kulturelle Traditionen und Verhaltensmuster vorübergehend in Frage stellen lässt (vgl. Turner 1989).

blessing to be able to ‚dance in-between', with a foot planted gently in each reality" (ebd).
Entscheidend ist, dass für viele globale Nomaden, insbesondere für *multi-movers*, die Liminalität nicht nur eine kennzeichnende Lebenserfahrung, sondern eine konstant gelebte Erfahrung werden kann. Sie wird durch das Leben in kultureller Marginalität ergänzt, die ich im Folgenden erläutere.

4.2.2 Kulturelle Marginalität – Überall und nirgends dazugehörig

Kulturelle Marginalität wird als das Resultat des internationalen, mobilen Aufwachsens festgehalten.[119] Sie drückt sich in einer „unklare[n] Gruppenzugehörigkeit" (Treibel 2003: 111) und einem Kultur- und Loyalitätskonflikt aus und liegt den gängigen Aussagen von TCK, sie seien simultan „überall und nirgends" dazugehörig oder in „allen und doch keiner" Kultur beheimatet zugrunde. Das folgende Zitat von Sichel unterlegt die Dialektik der Aussagen:

> I learned that I never really was part of any one culture, but that there are bits and pieces of me that belong everywhere, and just as many that belong nowhere, and sometimes I felt wonderfully flexible, and sometimes I just felt disconnected (Sichel 2004: 196).

Schaetti definiert in ihrem Text *Phoenix Rising: A Question of Cultural Identity* (o.J. b) kulturelle Marginalität von TCK wie folgt:

> Cultural marginality describes an experience; one typical of global nomads ... who have been molded by exposure to two or more cultural traditions. Such people don't tend to fit perfectly into any one of the cultures to which they have been exposed but may fit comfortably on the edge, in the margins, of each (Schaetti o.J. b: online).

Aufgrund ihrer transkulturellen Enkulturation sowie ihres internationalen Lebensstils passen TCK in keine Kultur richtig. TCK fühlen sich generell zwar in diversen Kulturen wohl, können aber gleichzeitig weder die Erst- noch die Zweitkultur(en) für sich beanspruchen und kei-

---

119 Parks Text *Human Migration and the Marginal Man* gilt, so Annette Treibel, als „Begründung des Konzeptes der Maginalität" (Treibel 2003: 106).

ne konkret ihre eigene nennen. Eine klare, eindeutige Zuordnung oder Zugehörigkeit wird den TCK so enorm erschwert. McCaig verdeutlicht die Folgen mit den Worten: „Many feel simultaneously part-of and apart-from all countries in which they live" (McCaig 2001: online). Milton Bennett erklärt das Dilemma im folgenden Zitat:

> [E]s gibt keine natürliche kulturelle Identität für marginale Personen. Es gibt keine fraglos hingenommenen Annahmen, keine aus sich selbst heraus ‚richtigen' Verhaltensweisen, noch gibt es notwendigerweise eine Bezugsgruppe. Und es ist bestimmt richtig, daß [sic] zahlreiche marginale Personen großes Unbehagen und Dysfunktionalität als Folge ihres Status erfahren (Bennett zitiert in Stadler 1994: 142).

Die kulturelle Marginalität und der Umgang mit ihr entscheiden wesentlich über das Leben der TCK zwischen den Kulturen. Janet Bennett, Leiterin des *Intercultural Communication Institute* in Portland/Oregon, formuliert zwei gegensätzlichen Reaktionen auf die unklare Zugehörigkeit bzw. Randposition. In ihrem interkulturellen Aufsatz *Cultural Marginality: Identity Issues in Intercultural Training* (1993) unterscheidet sie zwei diametrale Reaktionen auf die kulturelle Marginalität. Eine Gruppe TCK fühlt sich durch die kulturelle Marginalität eingeschränkt und von ihr bzw. in ihr gefangen. Eine andere Gruppe TCK nutzt die Marginalität für sich und profitiert von ihr. Janett Bennett weist den entsprechenden Varianten der kulturellen Marginalität folgende Begriffe zu:

1. Die sog. *encapsulated marginality* beschreibt das negative, einschränkende Gefühl mit der Konsequenz einer einengenden/verkapselnden Randexistenz (vgl. Schaetti o.J.b; Sussman 2002).
2. Die sog. *constructive marginality* ist die gegensätzliche Variante. Bei dieser positiveren Reaktion wird fruchtbar mit der kulturellen Marginalität umgegangen (vgl. Schaetti 1996).[120]

4.2.2.1 Encapsulated marginality

Bei der *encapsulated marginality* leiden TCK unter den kontradiktorischen Zug- und Druckkräften, denen sie aufgrund von Mobilität und

120 Im Wesentlichen dieselbe Beschreibung der *constructive marginality* liefert Adler, der sie „multicultural man" (Adler 1977: 24ff) nennt.

dem Kontakt zu unterschiedlichen Kulturen ausgesetzt sind. Sie fühlen sich durch gegensätzliche Einstellungen und/oder Gewohnheiten unterschiedlicher Kulturen beengt und sozusagen in der „Zwickmühle“ (vgl. Winter 1996: 369f.; Isogai/Hayashi/Uno: 1999: 500). Die betroffenen TCK, auch *encapsulated marginals* genannt, sind somit häufig hin- und hergerissen zwischen kulturellen Zugehörigkeiten. Komplexe Themen wie Patriotismus, Politik oder Wertevorstellungen u.v.m. lösen deshalb bei vielen dieser TCK Verwirrungen aus und führen zu einer unklaren Loyalität. Pollock und Van Reken zitieren den US-Amerikaner Joe, der in Argentinien aufwuchs und eine britische Schule besuchte. Joe schreibt über seine geteilte Loyalität:

> Als ich in die USA kam, war da die Sache mit dem Treueschwur gegenüber der amerikanischen Flagge. Ich hatte vor dem Union Jack und der argentinischen Flagge salutiert und nun sollte ich Loyalität gegenüber einem Land schwören ... Ich hatte Riesenprobleme mit meinen Loyalitäten während des Krieges um die Islas Malvinas ... Schließlich hatte ich als Elfjähriger ewige Treue geschworen gegenüber Juan Domingo Peron und seinem Versprechen, die Malvinas aus der britischen Versklavung zu befreien. ... Über die bodenlose Gleichgültigkeit, mit der die Amerikaner diesem Krieg gegenüberstanden, war ich bestürzt (Pollock/Reken Van 2003: 95).[121]

In diesem Zusammenhang finden Gefühle von Isolation und Unsicherheit in der *encapsulated marginality* Ausdruck. Die TCK fühlen sich verkapselt und gefangen und in diesem Zustand ausgegrenzt, fremd und machtlos. Durch den inneren Konflikt sind orientierungslos und extrem unsicher. Sie vermeiden, sich zu positionieren, da sie meinen, sich zwischen „entweder“ und „oder“ entscheiden zu müssen und verspüren tatsächlich ein „weder-noch“. Statt überall dazu zu gehören, fühlen sie sich nirgends wohl (vgl. Schaetti o.J. b).

Die Folge des Gefühls, überall unauthentisch zu sein und um sich nicht positionieren zu müssen, ist, dass diese TCK häufig verschiedene Rollen annehmen. Morton (2003) beschreibt dieses Betragen und die Folgen anschaulich:

> Meine Grundform tarnt sich in den Farben der Umgebung, in der ich mich gerade befinde. In habe es drauf,

121 Ähnliches schildert Jean Fritz in ihrem leicht fiktionalisierten Werk *Homesick: My Own Story* (1987). Als amerikanisches TCK in China weigerte sie sich, in der Schule *God Save the Queen* zu singen (vgl. Fritz 1987).

> überall die richtigen Rollen zu spielen. Aber habe ich auch eine eigene Farbe außer denen, die ich annehme? Wenn ich aufhören würde, irgendeine Rolle zu spielen, würde ich dann durchsichtig werden? Oder ...: Wenn ich die Schichten der Rollen, die ich annehme, abschälen würde, würde ich dann in der Mitte nur Leere finden? Bin ich am Ende vielleicht eine Zwiebel – nichts als die Summe meiner Schichten? (Morton 2003: 348).

Wie Morton erkennt, wird anhand dieses Verhaltens ein Mangel an eigenem Profil offen gelegt. Dies führt zu einer diffusen Identität, weil TCK, wie Pollock und Van Reken festhalten, „so viele verschiedene Masken aufsetzen, dass sie am Ende nicht mehr wissen, wer sie in Wirklichkeit sind“ (Pollock/Reken Van 2003: 108).

4.2.2.2 Konstruktive Marginalität

Die zweite, gegensätzliche Reaktion auf die unklare Zugehörigkeit und das Gefühl, überall und nirgends dazu zu gehören, ist die der *konstruktiven Marginalität*, die einen fruchtbaren Umgang beinhaltet. Diese TCK entwickeln kulturelle Sensibilität und ein transkulturelles Verständnis, sodass sie aufgrund ihrer vielfältigen Perspektiven und ihrer erweiterten Weltsicht in der Lage sind, sich problemlos zwischen verschiedenen Kulturen und Identitäten zu bewegen. Aufgrund ihrer konstruktiven marginalen Identität können sie zwischen Persönlichkeiten wählen, die dem kulturellen Umfeld, der dominanten Sprache oder den Ansprüchen der sie umgebenden Gesellschaft entsprechen und so diverse Einflüsse in unterschiedlichsten Gegebenheiten geltend machen. TCK, die als *constructive marginals* empfinden, handeln aufgrund ihrer multikulturellen, internationalen Erfahrungen im Sinne der Liminalität „sowohl als auch“. Diese TCK sind überall auf der Welt zu Hause. Mary Edwards Wertsch[122], Autorin und ATCK einer ehemaligen US-amerikanischen Militärfamilie, genießt diese Fähigkeit und äußert: „I loved the feeling of ambiguity, of standing both inside and outside of two cultures” (Edwards Wertsch 2004: 130).

Zusammenfassend lässt sich festhalten, dass auf der Suche nach der eigenen Identität und Zugehörigkeit alle TCK unweigerlich auf ihre kultu-

122 Edwards Wertsch ist Autorin des Werks *Military Brats: Legacies of Childhoods Inside the Fortress* (1991), welches das Aufwachsen in einer Militärkultur analysiert. Sie ist außerdem Mitgründerin von *Operation Footlocker*, einer Bewegung, die amerikanischen Militärkindern im Erwachsenenalter hilft, ihre kulturelle Identität zu finden (vgl. Edwards Wertsch 1991).

relle Marginalität stoßen, mit der sie umgehen müssen.[123] Die deutlich unterschiedlichen Varianten der Marginalität sind im Wesentlichen als diametrale Reaktionen auf die gleiche Ursache zu versehen sind. Sie entstehen aus dem kulturellen Ungleichgewicht, liegen der Wurzellosigkeit und Rastlosigkeit der TCK zugrunde und steuern die dialektischen Gefühle (vgl. Kidd/Lankenau 2003).

Ähnlich widersprüchliche Verhaltensweisen sind bei TCK aufgrund ihrer bereits (im Zusammenhang der Wiedereintrittsproblematik) erläuterten „Andersartigkeit" zu beobachten, die ebenfalls einen gemeinsamen Ursprung haben: TCK sind durch ihre Kindheit/Jugend im Ausland „anders" als Gleichaltrige in der Passkultur. Auch mit diesem Punkt werden TCK unweigerlich konfrontiert. Wie anhand der Anpassung repatriierender TCK veranschaulicht, verhalten TCK sich aufgrund der gleichen Ausgangslage als Chamäleon, *screamer*, oder *wallflower* (Bethel/Reken Van 2005: online) absolut unterschiedlich. Von den für TCK typischen Anpassungs- und Abgrenzungstaktiken als Auswirkung der Entortung handelt der folgende Abschnitt ausführlich.

4.2.3 Anpassungskunst und Anti-Identität

Als typisches TCK-Merkmal gilt eine hohe Anpassungsfähigkeit. Aufgrund dieser Eigenschaft verleiht McCaig ihnen das Attribut eines „kulturellen Chamäleons" (Pollock/Reken Van 2003: 106). Die Expertin sieht in einem TCK den

> jungen Teilnehmer/Beobachter, der auf verbale und nonverbale Hinweise achtet und sich entsprechend anpasst, in dem er genug Färbung von der sozialen Umgebung annimmt, um akzeptiert zu werden, während er einen Rest von Identität als ein exotisches Tier ... behält (ebd.).

Demnach beobachten TCK in neuen Situationen ihr Umfeld sehr genau und nehmen Eigenarten ihrer wechselnden Umwelt wahr. Sie nehmen, wie Chamäleons, selektiv diejenigen Merkmale an, die sie brauchen, um sich besser an die gegenwärtigen Umstände anzupassen und jede Relokalisation zu meistern. Als kulturelle Chamäleons beherrschen sie

123 Auch hier ist eine produktive Unterstützung durch Eltern, Pädagogen und Einfluss nehmende Personen wünschenswert, um bei TCK den konstruktiven, bereichernden Umgang mit dem Gefühl, überall und nirgends dazugehörig zu sein, zu erreichen.

schnell die typischen kulturellen Praktiken wie bspw. Begrüßungsformeln, Umgangsstil oder Sprachgewohnheiten. Bezüglich Wertungen oder Meinungsäußerungen halten sich die TCK in ihrer neuen Gesellschaft häufig zurück, um die oben genannten Loyalitätskonflikte öffentlich zu vermeiden. Genau so, wie echte Chamäleons sich langsam bewegen, um mit jeder neuen Umgebung zu verschmelzen, können auch TCK sozial behäbig, vorsichtig oder schüchtern wirken, während sie versuchen, sie über die nun gültigen Regeln klar zu werden.

TCK sind außerdem in der Lage, sich nicht nur kulturell, sondern auch physisch anzupassen. Durch Internationalisierung, Globalisierung und „Multi-Kulti-Gesellschaften" werden mittlerweile viele TCK nicht nur bei der Repatriierung in der Erstkultur, sondern auch schon in der Gastkultur zu heimlichen/versteckten Einwanderern.[124] Solange sie durch die physische Anpassung (wie Mode, Stile) die Unterschiede zu den Angehörigen der Gastkultur vermeiden, nimmt ihr Umfeld diese TCK nicht als solche wahr. TCK haben so eine Möglichkeit der vollkommenen Integration, die ein offensichtlich ausländisches TCK nicht hätte treffen können. Diese schildert ein US-amerikanisches TCK mit der bewussten Anpassung an das australische Schulumfeld im Alter von neun Jahren wie folgt:

> Mein erstes Schuljahr in Australien war grauenhaft. Ich erfuhr bald, dass Amerikaner nicht sonderlich beliebt waren, weil sie in der Nähe von Sydney einen Atomstützpunkt errichtet hatten. ... Ich hatte das Gefühl, dass die anderen Schüler mich per Sippenhaft schuldig sprachen, nur weil ich US-Bürger war. ... Am Ende des ersten Jahres hatte ich mir einen australischen Akzent zugelegt und gelernt, mich zu kleiden und zu benehmen wie meine australischen Mitschüler. Dann wechselte ich die Schule, sodass ich von vorne anfangen konnte und niemand wusste, dass ich Amerikaner war. Ich war ein Chamäleon (ebd.: 111).

---

124 Z.B. wirken britische Kinder in Kanada äußerlich nicht anders als ihre Klassenkameraden, oder das Kind eines „ugandischen Diplomaten sieht vielleicht genauso aus wie die schwarzen Amerikaner in seinem Klassenzimmer in Washington" (ebd.: 110). Als heimliche Einwanderer sind sie nicht als TCK erkennbar, aber, anders als beim erkenntlichen Ausländer, treffen diese TCK nicht auf Verständnis, wenn ihr Verhalten nicht genau den lokalen Normen und Sitten entspricht.

Aus Sicht der TCK verschafft diese hochgradige Anpassung und Anonymität ein ausgeprägtes Sozialleben und eine größere Akzeptanz als es ein Außenseiter-Status zulässt. Die Strategie des Chamäleons ist für viele TCK auf den ersten Blick eine gute Lösung – „Verhalte dich immer so, wie die anderen es erwarten. Dann hast du deine Ruhe" (ebd.: 372). Problematisch ist jedoch, wie bereits auch bei der Auswirkung der Repatriation erwähnt, dass TCK durch diese extreme chamäleonartige, kulturelle sowie optische Anpassung ihre wahre Identität verschleiern oder gar leugnen. Pflüger prophezeit deshalb: „Irgendwann muss es .. zu einer Gegenreaktion kommen. Entweder nach Außen (Rebellion gegen die Eltern oder ihre Reisen) oder nach Innen (Depression: Du bist nicht so, wie du sein sollst)" (ebd.). Die Konsequenz der Verleugnung der eigenen Identität und die psychische Belastung einer authentischen Präsentation der Persönlichkeit beschreibt „Dschungelkind" Kuegler wie folgt:

> Ich hatte selten über meine Kindheit gesprochen oder woher ich eigentlich kam. Stattdessen versuchte ich jahrelang, mich anzupassen und so zu werden wie jeder normale Mensch in meinem Umfeld. Eine Kultur und ein Leben anzunehmen, die mir im Grunde fremd sind. Und obwohl es mir äußerlich gut gelingt, finde ich keinen inneren Frieden und nicht die Zugehörigkeit, nach der ich mich so sehne (Kuegler 2005 a: 11).

Als zentral ist festzuhalten, dass die flexible, chamäleonartige Angleichung an neue Situationen eine wichtige Anpassungstaktik ist, die sich TCK aneignen, um die häufigen Wechsel der Kulturen zu bewältigen. Sie erleichtert TCK häufig den Zugang zu einer neuen Gesellschaft, in der die TCK aufgrund dieser Fähigkeit nicht als Außenseiter dastehen (müssen). Diese Art der Anpassung erschwert es jedoch, das eigene Wertesystem zu erkennen, sodass diese chamäleonartigen TCK oft schwammig oder plastisch wirken. Ihnen mangelt es folglich an kultureller Balance und dem eigenen Profil oder Stil (vgl. Brinkama/Daufenbach 2000: 35). Die eigenen Unterschiede zu definieren und das Anderssein zu präsentieren, ist eine Herausforderung für TCK, die zu folgenden Reaktionen führen kann:

Parallel zur chamäleonartigen Angleichung gibt es eine weitere Gruppe TCK, deren Verhalten konträr zur Anpassung ist. Statt sich zu integrieren, definieren diese TCK deutlich ihre Unterschiede und dokumentieren ihr Anderssein. Die provokante, deutliche Abgrenzung dieser TCK geschieht (wie beleuchtet) häufig bei/nach der Repatriation, aber er eignet sich ebenso in den Zweitkulturen. Um deutlich zu machen, dass sie „anders sind als andere“ (Pollock/Reken Van 2003: 110), reagieren diese TCK (die, wie bei der Repatriation geschildert, screamer genannt werden) mit einer „Anti-Identität“ (ebd.: 113) aggressiv auf ihr Umfeld. Mittels dieser Abgrenzung von Anderen kommt es zur Konstitution des Selbst – im Englischen mit dem Begriff othering bezeichnet (vgl. Singer 1997). Diese kann sich in der Aussage „Ich bin aber nicht so wie ihr!“ (Pollock/Reken Van 2003: 112) radikalisieren. Durch die Globalisierung kommt das Anderssein nun nicht mehr z.B. durch „Hautfarbe oder Gesichtsschnitt“ (ebd.: 110) zum Ausdruck, sondern wird von TCK in Sprache/Akzent, Stil, Verhalten u.ä. manifestiert und an einem bewussten (provoziertem) Kontrast sowie einer „Ich-bin-anders-als-ihr-Identität“ (ebd. 122) illustriert, die TCK letztendlich zu Einzelgängern macht.

TCK bleibt als akzeptierter Bezugspunkt nur ein Umfeld, das ihre Erfahrungen teilt. Deshalb ermöglicht schließlich die Drittkultur, auf die im Folgenden eingegangen wird, den TCK eine Verortung und Zugehörigkeit.

4.3 Verortung in der Drittkultur

TCK wachsen aufgrund der Mobilität und durch wiederholte Transition und Liminalität in einer „Zwischenwelt“ (Müller-Jacquier 1999: 37) auf. Bedingt durch unterschiedliche kulturelle Einflüsse und kulturübergreifende Erfahrungen erleben TCK eine „Kultur zwischen den Kulturen“ (Pollock/Reken Van 2003: 32). Diese ist weder ganz die Welt der Kultur ihrer Eltern noch ganz die Welt der Gastkultur(en). TCK nehmen einen „Raum zwischen den Kulturen“ (Schiffauer 1996: 28) ein.[125] Diesem Zwischenraum weise ich den Status der Drittkultur zu. Die Drittkultur wird von John Useem und Ruth Hill Useem als „geschaffen[er], geteilt[er] und erlernt[er]“ (Hill Useem 1999: online) Lebensstil transkulturell erfahrener Menschen definiert (vgl. ebd.) und gilt somit als Oberbegriff für

125 Dieser ist vergleichbar mit dem „in-between-space“ (Ha 2004: 139) Homi Bhabhas, der (in Bezug auf die Verortung hybrider Kultur) diesen Ort des „Dazwischen-Seins“ (Hall, Stuart 2002: 96) als sog. Dritten Raum definiert (vgl. Bhabha 2000).

> cultural patterns inherited and created, learned and shared by the members of two or more culturally different societies who are personally involved in relating their society, or segments thereof, to each other (ebd.).

In der Drittkultur verschmelzen Elemente der Erst- und Zweitkultur(en). Es werden in ihr Merkmale aller Kulturen, mit denen die TCK sich jemals identifiziert haben, kombiniert. Wie die Germanistin Claudia Breger und der Literaturwissenschaftler Tobias Döring (1998) formulieren, gewinnt „das ‚Dritte' .. seine Konturen erst aus den .. Konstellationen der Dichotomien zwischen dem ‚Einen' und dem ‚Anderen'" (Breger/Döring 1998: 1). Wie in der Eingangsdefinition von TCK ausgedrückt, werden zwar „Elemente aus jeder Kultur in die Lebenserfahrung der TCK eingegliedert" (Pollock/Reken Van 2003: 31), indem etwa Essgewohnheiten, Sprache, Einrichtung oder auch kulturelle Regeln, Überzeugungen und Verhaltensweisen aufgenommen werden. Dennoch entsteht in der Drittkultur mehr als ein „Überlappungsraum zwischen verschiedenen Kulturen" (Bachmann-Medick 1998: 22) oder die Summe kultureller Bestandteile aus Heimat- und Gastkultur(en). Die Drittkultur bietet vielmehr eine neue Dimension – wie Hill Useem betont „a third, different, and distinct culture" (Hill Useem 1999: online), die sich in transkulturellen Lebensmustern manifestiert.

Die folgende Abbildung 4 illustriert die Drittkultur der globalen Nomaden deshalb deutlich als eine separate, glockenförmige[126] Kurve zwischen der Erst- und Zeitkultur, die jedoch auf Überschneidungen mit letzteren ruht.

126 Die Glockenform soll eine Stereotypisierung vermeiden; sie lässt innerhalb der einzelnen Glocken Variationen und Abweichungen von den zentralen Werten des Systems im Scheitelpunkt der Kurve zu.

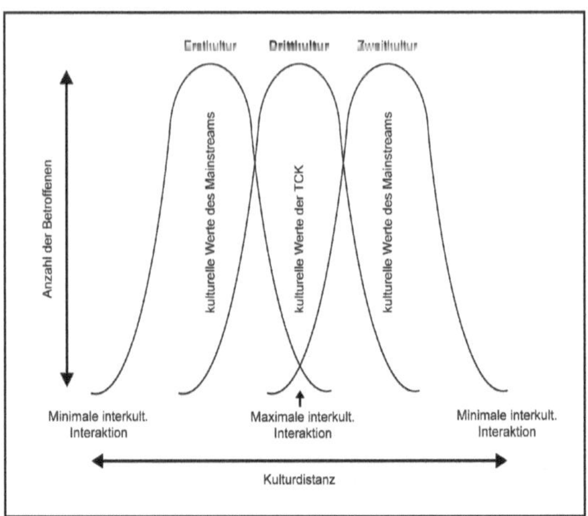

Abb. 4 Das kulturelle Identitäts-Kontinuum der globalen Nomaden (Quelle: McCaig 2001)

Die ehemalige US-Missionarstochter Susan Hayden, die während ihrer Kindheit vier Jahre in Äthiopien und acht Jahre in Indonesien lebte, verwendet in ihrem Aufsatz *Where in the World Do I Fit?* (o.J.) eine einfache Metapher, um die Drittkultur zu beschreiben:

> Remember when you were little and would use water colors ... and would add together blue and yellow, getting green? or red and yellow for orange? That is what becoming a TCK is like. Your ‚Blue' culture and your ‚Yellow' culture blend and mix in how you live and relate, yielding a totally new blended culture (Hayden o.J.: online).

Dieser Vergleich mit den sich mischenden Farben, die eine neue ergeben, lässt sich auch auf die Individualität von TCK übertragen. Die farbliche Mischung oder die Stufen der neuen Farbe (von hell bis dunkel) können variieren, je nachdem, wie intensiv Kinder mit den Kulturen interagieren, wie hoch die Mobilität ihres Lebensstils ist, wie alt sie sind, wie lange sie in einem Kulturkreis leben, wie stark die Überschneidungen sind etc. (vgl. 2.4. dieser Arbeit). Auch verbildlicht diese Metapher, dass die Kreation einer neuen Farbe eine gewisse Zeit braucht und sich die Drittkultur über die Dauer intensiviert.

Wie Abbildung 4 und die Farbkasten-Metapher auch deutlich machen, entsteht, in Anlehnung an Bhabha, ein „neues Identitätsmoment ... [d]urch die Verschiebung und Überlagerung ehemaliger Identitäten, durch mehrfache kulturelle Zugehörigkeiten und Aufhebung eindeutiger Kennzeichen von Differenz“ (Bhabha zitiert in Bachmann-Medick 1998: 23). TCK überbrücken und überspannen in ihrem Lebensstil diverse Kulturen und bestätigen in ihm ihre Transkulturalität (vgl. Straffon 2003: 489). Im Spannungsfeld der Drittkultur werden, über die Grenzen von Kulturen hinweg, ethnische/kulturelle/nationale Positionen und divergierende Teilaspekte von Zugehörigkeit überschritten und verschwommen. Wesentlich ist also, dass mit der Verortung in der Drittkultur sich für TCK eine neue Identität und Form der Identifikation entfaltet.

Jenseits der kulturellen, nationalen und/oder ethnischen Grenzen teilen TCK die Identität der Drittkultur. Durch sie und in ihr ist für TCK das gewährleistet, was Thomas (2004) als kulturelle Identität definiert: „[D]as meiste von dem, was das Individuum als Merkmal seiner .. Welt erlebt und lebt, .. identisch mit oder doch so ähnlich dem [ist], was viele andere auch als ihre Welt und in ihrer Welt erleben“ (Thomas 2004: 12). Deshalb bezieht sich das Zugehörigkeitsgefühl der TCK auf Menschen mit ähnlichem Hintergrund.

Auf die Bedeutung kultureller, ethnischer und persönlicher Identität geht das folgende Kapitel ein. Es zeigt, wie das mobile Aufwachsen und das Leben zwischen Kulturen die Identität von TCK durchdringen.

5 Die kaleidoskopische Identität der Third Culture Kids

„This happened at a dinner party while I was at the University of California:
I was speaking Portuguese to the Brazilian hostess, Japanese to the Japanese guests who were visiting, and English to everyone else ... As I was leaving, one of the people ... said something to me that made me freeze. ‚I was really impressed watching you speak three languages at ease. One thing I noticed as I watched you was that your personality seemed to change depending on the language you spoke. Which is the real Naomi?' ... This question made me wonder whether I had a split-personality ... If someone were to ask me the same question today I would calmly smile and reply, ‚They are all me'."

(Isogai/Hayashi/Uno: 1999: 499)

Speziell im Kontext von Globalisierung und Migration gewinnen die Aspekte Identität und Identitätsentwicklung an Aktualität, da sich die Bildung einer persönlichen Identität verstärkt in einem Spannungsfeld vollzieht, und die kulturelle Identität zunehmend in Frage gestellt werden kann (vgl. Institut für Kulturpolitik 2004).[127] Dies gilt schon jetzt für den Prozess der Identitätsbildung bei TCK. Bei ihnen findet dieser (auch) außerhalb des Passlandes, unter verschiedensten, wechselnden kulturellen Einflüssen und bei wiederholter Transition statt.
Im Rahmen dieser Arbeit kann auf die psychologischen und soziologischen Diskurse der kulturellen, ethnischen oder sozialen sowie der kollektiven und personalen Identität nicht detailliert eingegangen werden.[128] Wesentlich ist hier jedoch, dass die Identität[129] zunächst als

127 Vgl. hierzu auch Ute Hoffmanns Dokumentation *Reflexionen der kulturellen Globalisierung* von 2003.

128 Vgl. zur ethnischen Identität Mario Erdheims Text *Das Eigene und das Fremde. Über ethnische Identität* (1993); zur kulturellen Identität vgl. Meyer (2002), Stuart Hall (1994) und Barloewen von (1993); zur „Bedrohung" der kulturellen Identität vgl. Lütterfeld/Mohr/Salehi 2004; speziell zur sozialen Identität vgl. Reiterer (1998). Vgl. Berg (1999) zu kollektiver Identität.

129 Der Begriff stammt aus der Persönlichkeitspsychologie (vgl. Berg 1999: 225). Die Definition ist durch eine begriffliche Unschärfe erschwert, da kulturwissenschaftlich, soziologisch und psychologisch nicht deutlich zwischen ver-

„Rahmenkonzept einer Person“ (Freise 2005: 11) gilt. Dieses bildet sich in Phasen der Kindheit und Jugend in einem Prozess der Auseinandersetzung mit der Außenwelt, der Schule sowie der Gruppe Gleichaltriger und wird auch als Dialog[130] erfasst (vgl. Ting-Toomey 1989: 351).[131] Die „gesellschaftliche Realität“ (Feld/Freise/Müller 2005: 1) gestaltet sich dabei aus kulturellen Variablen, Werten, Normen und Strukturen. Wie Stuart Hall schreibt: „Kurz gesagt sind unsere Identitäten kulturell geformt“ (Hall 2002: 105). Die verschiedenen kulturellen Einflüsse auf TCK verkomplizieren den Identitätsprozess. In Kapitel 5.2 dieser Arbeit wird deshalb das Dilemma kultureller und ethnischer Identität für TCK detailliert beleuchtet.

Die persönliche Identität der TCK ist aufgrund der speziellen Kindheits-/Jugenderfahrungen und wie im Folgenden noch deutlicher wird, von Vielseitig- und schichtigkeit, d.h. von Dichte und *Diversi-*

wandten Ausdrücken wie z. B. Individualität, Individuum, Subjekt oder Person unterschieden wird.

130 Laut Stuart Hall findet dieser Dialog zwischen „den Diskursen einer Kultur angebotenen Bedeutungen heraus und unserer Bereitschaft ... auf diese Bedeutungsangebote zu reagieren“ (Hall, Stuart 2002: 104). Mary Jane Collier, interkulturelle Kommunikationswissenschaftlerin, erklärt diesen Dialog auf der Ebene der tatsächlichen Kommunikation: „Identity is something that emerges when messages are exchanged between persons“ (Collier 1997: 40). Die Autoren Elisabeth Jaksche und Edwin Hoffmann betiteln sogar ihr Werk *Cultures Don't Meet, People Do* (1998). Bei ihrem sog. systemtheoretischen Ansatz wird angenommen, dass Kommunikation zirkular verläuft und somit ein Beeinflussungsprozess darstellt, der von Wechselseitigkeit, Gleichzeitigkeit, Vielfältigkeit und Umwelt bestimmt ist (Jaksche/Hoffmann 1998: 1999). Die Soziologin Britta Kalscheuer unterstreicht ebenfalls ein zweidimensionales Wechselspiel zwischen Positioniert-Werden und permamentem aktiven Positionierens, das mit dem Begriff „Doing Identity“ (Kalscheuer 2005: 87) bezeichnet wird.
Hier möchte ich außerdem auf den amerikanischen Philosophen und Sozialpsychologen George Herbert Mead verweisen. Mead erklärt in seiner Lehre des Sozialbehaviourismus, dass die Entstehung der Identität („self“) aus Kommunikationsprozessen zwischen Lebewesen entstehe (vgl. Mead 2000). Das „soziologische Subjekt“ (Mead zitiert in Wild 2000: 70) werde dabei im Verhältnis zum „bedeutenden Anderen“ (ebd.) einer Gruppe geformt, die dem Subjekt Normen, Werte, Symbole oder Implizites – d.h., die Kultur, in der sie/er lebt – vermitteln. Das „Ich“ („I“) kann nur durch die Interaktion mit anderen zum „Selbst“ („self“) werden (vgl. Mead 2000). „In der klassischen soziologischen Konzeption ... wird die Identität in Interaktion zwischen einem Ich und der Gesellschaft gebildet“ (Hall, Stuart 1994: 182).

131 Trotzdem vollzieht sich die Entwicklung der Identität bis ins Erwachsenenalter als „niemals vollendete Produktion“ (Berg 1999: 226).

ty gezeichnet, sodass der Standpunkt Stuart Halls, Identität sei „weder so vollkommen transparent noch so unproblematisch, wie wir denken“ (ebd. 1994: 26), deutlich auf TCK zutrifft. Von einer „kaleidoskopischen Identität“ (Eidse/Sichel 2004: 3) sprechen Eidse und Sichel, da die Identität der TCK sich, einem Kaleidoskop ähnlich, aus und zu unterschiedlichen Bildern zusammensetzt. Sowohl die situativen, kulturellen und personellen Einflüsse auf TCK sowie die TCK selbst ändern sich, wie dargelegt, ständig und treten in unterschiedlichsten Formen in Erscheinung. Demnach setzt sich die Identität der TCK nicht nur aus verschiedensten Aspekten zusammen, sondern TCK selbst erscheinen in vielfältigen Facetten, die allerdings auch aus einem bestimmten Blickwinkel potenziert werden bzw. untergehen, sodass viele Eigenschaften (wie in den Reaktionen auf die kulturelle Marginalität und Anpassung/Abgrenzung dargelegt) positiv oder negativ betrachtet werden können.
Besonders die ambivalenten Komponenten in Charaktereigenschaften, Verhaltensmustern und Entwicklungsverlauf durchziehen den Identitätsprozess und sind in der TCK-Identität eingeschlossen. Sie werden als „zwei Seiten derselben Münze“ (Pollock/Reken Van 2003: 92) gesehen und im Folgenden ausführlich behandelt:

5.1 (Aus-)Wirkungen der transkulturellen Kindheits- und Jugenderfahrungen

Bei der Ausbildung einer persönlichen Identität bergen die Erfahrungen und der TCK-Lebensstil ein „paradoxes Potential“ (ebd.: 163), da sie entweder eine „Quelle reicher Segnungen oder ein Anlass harter Kämpfe“ (ebd.) sind. Die Ambivalenz äußert sich in den Vorteilen und Herausforderungen, denen TCK begegnen, und die im Folgenden konkretisiert werden:[132]

5.1.1 Paradox – Ambivalenzen der transkulturellen Kindheits- und Jugenderfahrungen

Folgende drei Paarungen von Vor- und Nachteilen bestehen laut Pollock und Van Reken für TCK:

1. Erweiterte Weltsicht/Unklare Loyalität

132 Pollock und Van Reken besetzen das Negative der TCK-Erfahrung positiv und formulieren die Nachteile als Herausforderungen als etwas, „womit sie sich auseinander setzen und woran sie wachsen können“ (ebd.: 92). Sie betonen die Herausforderungen, um „produktiv damit umzugehen“ (ebd.: 93).

2. Dreidimensionale Weltsicht/Leiden an der Wirklichkeit
3. Kulturübergreifender Reichtum/Unkenntnis der Heimatkultur

(vgl. ebd.: 91ff.)

5.1.1.1 Erweiterte Weltsicht/Unklare Loayalität

Ein herausragendes Merkmal der TCK ist, wie bei der kulturellen Marginalität beschrieben, ein Gefühl der unklaren Loyalität. In Folge ihres kulturübergreifenden Aufwachsens besteht für TCK oftmals eine heftige Verwirrung bezüglich Patriotismus oder politische Überzeugung (wie am Beispiel des Treueschwurs gegenüber nationalen Flaggen veranschaulicht wurde). Darüber hinaus ergeben sich Loyalitäts-Konflikte bezüglich der kulturellen Werte. Die kulturübergreifenden Erfahrungen können deutliche Dissonanzen aufweisen und TCK mit stark gegensätzlichen Wertesystemen konfrontieren, was in Schwierigkeiten der Positionierung resultiert.[133] Folglich kommt es zu Überlegungen wie: Welcher Wert ist in welcher Situation der richtige? Welcher falsch? Wer bestimmt darüber? Gibt es überhaupt ein Falsch und Richtig? Und vor allem: Welche Werte werden anhand/aufgrund dessen, was man gesehen, erlebt oder gelernt hat, zu den eigenen? Diese Fragen sind für TCK schwierig zu beantworten.

TCK erkennen dank ihrer erweiterten Weltsicht, dass es mehr als eine Möglichkeit gibt, dieselbe Sache zu betrachten. Das Aufwachsen in verschiedenen Kulturen hat den Vorteil, dass die Kinder und Jugendlichen Unterschiede beobachten können, dass sie sehen, lernen und begreifen, wie Menschen unterschiedlicher Herkunft unterschiedliche religiöse, soziale, politische, ökonomische oder ökologische Perspektiven einnehmen und aus diesen heraus urteilen und handeln. Dieses kulturübergreifende Wissen und Verstehen, gepaart mit Beobachtungsfähigkeit und sozialen wie sprachlichen Kompetenzen, führen zu einem transkulturellen Bewusstsein. Mit diesem begreifen TCK, dass, wie Stuart Hall akzentuiert, „jedes Wissen in einem Kontext steht“ (Hall 1994: 21). Die charakteristische Liminalität der TCK spielt auch hier eine Rolle: in ihr erfährt die Weltsicht der TCK kontextuellen Zusammenhang und Relativität, durch sie werden Anschauungen abgewogen und ausbalanciert. Der diffusen Loyalität steht also eine erweiterte Weltsicht gegenüber.

133 Brisante und ohnehin schon kontroverse Themen wie Abtreibung oder Beschneidung erhalten in der Loyalitäts-Debatte eine weitere Dimension.

5.1.1.2 Dreidimensionale Weltsicht/ Leiden an der Wirklichkeit

Die erweiterte Weltsicht wird zu einer dreidimensionalen Weltsicht ergänzt, indem neben dem Beobachten auch erlebt, gerochen, gehört und/oder geschmeckt wird/wurde. Diese Fähigkeit, nachzuempfinden und sich in Situationen von Menschen vor Ort zu versetzten, besitzen viele TCK, da sie aufgrund ihres Lebensstils in den meisten Fällen bereits Kontakt zu ähnlichen Kulturenkreisen hatten oder tatsächlich einmal vor Ort waren. Dies weckt bei TCK große Solidarität mit Schicksalsschlägen anderer Menschen. TCK sind durch diesen Bezug und die Nähe in der Lage, einzuschätzen, wie die Menschen anderer Orts fühlen und bestimmte Ereignisse erleben, die für viele andere in den Medien als „weit weg und unvorstellbar" gelten (z.B. Katastrophen wie Bombenanschläge, Hungersnöte, Flutkatastrophen, Erdbeben, Armut, Krieg etc.). Schaetti beschreibt in ihrem Text *Who is a Global Nomad?* (o.J.c) ihre persönliche Anteilnahme und Mitgefühl, die sich aus dieser erweiterten Weltsicht entwickeln, wie folgt:

> When an earthquake toppled highways in Kobe in January of 1995 and killed over 5000 people, I wept with the rest of Japan. When floods destroy parts of Bangladesh and typhoons sweep away hundreds of people in India, I think of my friends, and their families, and I pray for their safety, just as I do for people killed in mudslides in Seattle. We recognize that people everywhere share the joys and pains of life. We've lived, felt, smelt, heard and witnessed wide swaths of human experience (Schaetti o.J.c: online).

5.1.1.3 Kulturübergreifender Reichtum/ Unkenntnis der Heimatkultur

Die erweiterte Weltsicht bringt die schmerzhafte Realität belastend nahe. Sie kann jedoch auch als Motivation dienen, sich für die Lösung tragischer Probleme zu engagieren.[134] Die dreidimensionale Weltsicht

134 Die erwähnte Studie von Baker Cottrell und Hill Useem von 1991-93 ergibt, dass Studienfächer der TCK meist eine internationale Dimension haben (ein Viertel studiert z.B. Internationale Betriebswirtschaftslehre, Fremdsprachen, Anthropologie, Internationale Beziehungen u.ä.). „Many others were influenced by overseas experiences. For example: biologists captivated early by exposure to African wildlife; historians and artists influenced by exposure to European art and historical sites; pre-med, nursing, and eco-

auf der positiven Seite kann demnach zu einem Leiden an der Wirklichkeit auf der negativen Seite führen.
Die erweiterte Weltsicht und eine dreidimensionale Perspektive lassen sich in der Summe ihrer positiven Aspekte zum Vorteile des kulturübergreifenden Reichtums begreifen. TCK haben meist ein intensives Interesse an anderen Kulturen, binden ihre diesbezüglichen Kenntnisse in ihren Lebensstil ein und leben sie in ihrer Transkulturalität aus. Sie schätzen bestimmte Aspekte ihrer Gastkultur(en) und genießen Details aus Verhaltensweisen, Speisen etc., die z.B. von Touristen nicht geschätzt werden.[135] Ironischerweise wissen TCK zwar Faszinierendes über andere Länder, aber in der Konsequenz nur wenig über ihre Erstkultur. Wie bereits bei den Repatriations-Schwierigkeiten bei Jugendlichen dargestellt, ist nationale, lokale oder gar familiäre Geschichte TCK oftmals unbekannt. Es mangelt TCK nicht nur an geographischen Kenntnissen oder lokalen Besonderheiten des Heimatlandes, sondern auch an Wissen über die Alltagskultur ihres Heimatlandes. Personen der Öffentlichkeit sind ihnen nicht bekannt und lokale Vorkommnisse entgangen.[136] Eine weitere Unbekannte kann für TCK auch der Humor der Menschen des Passlandes sein, da Anspielungen, Wortspiele oder Ironie für die Kultur spezifisch sind.[137] Somit steht der kulturübergreifende Reichtum als Vorteil der Unkenntnis der Erstkultur als Nachteil gegenüber.

In der Summe sind die dargestellten Vorteile transkulturelle Eigenschaften, die TCK innehaben. Sie sind zunehmend im Alltag präsent

nomics majors who decided early to help peoples they knew in a less-developed nation" (Baker Cottrell/Hill Useem 1999 a: online).

135 Pollock und Van Reken illustrieren dies mit folgenden Beispielen: „Während der Geruch der südostasiatischen Frucht Durian bei den meisten von uns einen Würgereflex auslösen würde, inhalieren TCK, die in Malaysia aufgewachsen sind, ihren Duft mit Entzücken, denn es ist der Duft der Heimat. TCK aus Indien benutzen Chapatis, um die schärfste Currysoße aufzutunken. Wieder andere TCK sitzen im Schneidersitz auf dem Fußboden anstatt auf dem Sessel“ (Pollock/Reken Van 2003: 101).

136 Mit dem Internetzeitalter verändert sich diese Unkenntnis sicherlich, da Informationen zugänglicher sind. Gleichwohl bleibt die Frage des „Nachvollziehen-Könnens“, der Nähe, dem Bezug dazu und dem Stellenwert im eigenen Leben.

137 ATCK Adele Horst Ward schreibt: „Am Anfang meiner Beziehung zu meinem Mann passierte etwas, als der die Titelmusik der Fernsehserie ‚Twilight Zone' vor sich hin summte. ‚Du weißt nicht, was das ist, nicht wahr?' Ich erwiderte: ‚Ich weiß, dass es witzig sein soll, aber ich weiß nicht warum'“ (Pollock/Van Reken 2003: 104).

und werden heutzutage zunehmend als Qualifikationen im Beruf formuliert.[138] Diskurse über kulturelles Verständnis, die Bedeutung von Pluralität sowie der Stellenwert von interkultureller Kommunikation und Kompetenz werden täglich bedeutungsvoller sowie in Bereichen der Bildung, Politik und Wirtschaft einflussreicher (vgl. Lambiri 2005; Pollock/Reken Van 2003: 20). Alois Wierlacher, Professor a.D. für Interkulturelle Germanistik, und seine Mitarbeiterin Corinna Albrecht stellen hierzu fest: „Von immer mehr Menschen wird eine Mehrsprachen- und Mehrkulturenkompetenz und ein begründetes Wissen von Eigenheit und Fremdheit als Teil ihrer intellektuellen Grundausstattung benötigt und erwartet“ (Wierlacher/Albrecht: 2003: 280). TCK erfüllen diese Ansprüche.[139]

Die vielfältigen Kontakte, die TCK aufgrund des mobilen Lebensstils schließen, führen zu großer Toleranz, Akzeptanz und Geduld. TCK ziehen aus ihren kulturübergreifenden Erlebnissen wertvolle Lektionen. Sie verfügen wie selbstverständlich über interkulturelle Kompetenzen, da sie fähig sind, Beweggründe, Verhalten oder Denkweisen der Angehörigen der Gastkultur einzuschätzen und zu verstehen.[140] Sie erfahren

138 In der Broschüre über Nachwuchsförderung der Zentralstelle für Arbeitsvermittlung der Bundesagentur für Arbeit heißt es: „In der heutigen Geschäftswelt werden international erfahrene Mitarbeiterinnen und Mitarbeiter gesucht ... Auslandserfahrung, Fremdsprachenkenntnisse, die Sensibilität für andere Kulturen und Mentalitäten, die Kenntnis von Ländern und Märkten sind Pluspunkte, mit denen sich Nachwuchskräfte gegenüber den Mitbewerbern um Arbeitsplätze positiv abheben können“ (Zentrale für Arbeitsvermittlung der Bundesagentur für Arbeit 2006: 3).

139 weswegen ich ATCK als potentiell wertvolle Arbeitskräfte einstufe. Für Personalverantwortliche von Unternehmen/Organisationen erachte ich das Phänomen TCK als besonders interessant.

140 Diese Trias von „Verständnis-Verstehen-Verständigung“ (Auernheimer 1998: 24) gilt als interkulturelle Kompetenz. Obwohl laut Stubbe in den Geistes- und Sozialwissenschaften gegenwärtig kein Konsens darüber besteht, was genau unter interkultureller Kompetenz zu verstehen sei (vgl. Stubbe 2005: 236), gehören bestimmte Fähigkeiten dazu. Wilfried Dreyer spricht von dem „Insgesamt von Wissen, Wollen und Können ... mit Menschen aus anderen Kulturen erfolgreich zu kommunizieren und interagieren“ (Dreyer 1997: 174). Vgl. außerdem Gross (1994: 117), die von vier Dimensionen (kognitiv, affektiv, kommunikativ, behavioristisch) ausgeht, Leenen/Grosch, die ein „set von Fähigkeiten“ (Leenen/Grosch 1998: 39) darlegen, oder Bernd Müller-Jacquier, der von Handlungs- und Kommunikationskompetenzen ausgeht(vgl. Müller-Jacquier 1999: 181). Vgl. außerdem Interkulturelle Kompetenz als ein Orientieren und Verhalten im Sinne Bernd Sandhaas (1988) sowie eine Studie zu kommunikativen Kompetenzen *In-*

und lernen im Kindesalter dass „es immer einen Grund [gibt], warum Menschen anders aussehen oder bestimmte Dinge anders tun, als wir es von zu Hause gewohnt sind" (Swol-Ulbrich van 2002: 65) und gelten in der Folge als vorurteilsfrei (vgl. Kerr/Kerr 1996).

Umgekehrt kann es durch ein bestimmtes Aufwachsen allerdings auch zu Vorurteilen kommen. Ein Grund hierfür kann die elitäre Stellung der Eltern sein, deren Lebensstandard meist weit über dem Durchschnitt des betreffenden Landes liegt und bestimmte Privilegien beinhaltet.[141] Besonders Kinder von Soldaten, Diplomaten oder Missionaren, die in der Subkultur des Arbeitgebers der Eltern aufwachsen, werden in einer stark strukturierten Gesellschaft sozialisiert und – speziell im Fall der ersteren – in einem sorgfältig abgegrenzten System enkulturalisiert.[142]

Dieses System der Sponsororganisation birgt erneute ambivalente Umgangsformen, mit denen TCK auf die sog. „Systemidentität" (Pollock/Reken Van 2003: 35) reagieren. Während das Aufwachsen in einem abgegrenzten System die Vorteile der Versorgung, konkreten Richtlinien, klarer Zugehörigkeit und „schützende[n] Grenzen" (ebd.: 191) mit sich bringt, offenbart es auch starre Vorschriften, Erwartungen, Verantwortung oder Unterwerfungen, die von TCK erwartet, aber als restriktiv und belastend empfunden werden können. Die strikten gesellschaftlichen Strukturen von Militär, Kirche oder diplomatischen Korps beeinflussen das Identitätsbewusstsein eines darin aufwachsenden TCK, da sie eine Positionierung und Identifikation um einen zusätzlichen Faktor – das System – erweitern.[143]

5.1.2 Beziehungsmuster – Freundschaften als potenzielle Herausforderung

Zu den herausragenden Vorteilen der TCK gehört außerdem die Erfahrung, Menschen mit unterschiedlichen Hintergründen kennen gelernt und diese innerhalb ihres eigenen kulturellen Milieus erlebt zu ha-

tercultural communication competence: Identifying key components form multicultural perspectives von Lily Arasartnam und Marya Doerfel (2005).

141 Für Details zur Vergütung, Kosten und Gehältern von Auslandsmitarbeitern vgl. Debrus 1995: 128ff. sowie Lievens 2003.

142 Storti schreibt hierzu: „[M]ilitary families ... usually shop at the base commissary, go to the base library for books, and to the base gym, child development center, cinema, and church" (Storti 2003: 161).

143 Der Verlust dieser Systemidentität im Erwachsenenalter ist für viele ATCK schmerzhaft, da die Sponsororganisation zu einem Teil der Identität wird. Als Volljährige gehören sie plötzlich nicht mehr zum System (ebd.: 191).

ben. Diese Bereicherung steht jedoch im Kontext hoher Mobilität. Aufgrund der eigenen Mobilität sowie der ständigen Rotation innerhalb der *Expat*-Gesellschaften vor Ort wechseln die Sozialbeziehungen der TCK immerfort, sie sind kurzlebig und vergänglich. Neue Menschen treten in das Leben der TCK und verlassen es wieder. Neigh erläutert: „Die erste Regel, die jeder lernt, der international aufwächst, heißt: auf jedes *Hello* folgt automatisch ein *Goodbye*" (Neigh zitiert in Rampas 2004: online). Diese „Regel" führt dazu, dass Beziehungen für TCK zu potentiellen Herausforderungen werden. Sie ergibt TCK-typische Beziehungsmuster und bestimmte soziale Verhaltensweisen, die im Folgenden beleuchtet werden.

Vorweg entscheidet die oben erläuterte Liminalität über Beziehungen von TCK. Wie Ramsey und Schaetti im folgenden Auszug aus *The Global Nomad Experience –Living in Liminality* (1999 c) festhalten, finden Freundschaften und Beziehungen von TCK hauptsächlich in Liminalität statt:

> Relationships exist primarily in liminal space. TCK and their friends are forever on the threshold, simultaneously saying goodbye and hello, finding their own precarious balance between getting close quickly while not getting too close. At the same time, as members of multinational expatriate communities, global nomads make friends across race, ethnicity, and language (Ramsey/Schaetti 1999 c: online).

TCK befinden sich auch wiederholt an Grenzen, an denen sie sich bemühen müssen, die richtige Balance zu finden: Auf der einen Seite müssen sich ihre Beziehungen für den sozialen Anschluss und die Integration schnell und intensiv entwickeln. Auf der anderen Seite versuchen TCK, eine gewisse, emotionale Distanz zu wahren, und sich nicht „zu sehr" auf eine Person einzulassen. Diese Ambivalenz gehört zu den Überlebensstrategien von TCK (vgl. Schaetti o.J.c; Pollak 2004).

TCK machen die Erfahrung, schnell Freunde zu finden und schnell Freunde zu verlieren. Um ersteres zu erreichen, folgenden TCK typischen Kommunikations-/Kennenlernmustern, die nun beschrieben werden, um die Folgen der Mobilität um das Sozialverhalten von TCK zu ergänzen:
TCK neigen aufgrund des hochmobilen Lebensstils, der nur wenig Zeit und Geduld für ein „Herantasten" zulässt, dazu, bei einem Kennen-

lernen die ersten oberflächlichen Ebenen der Kommunikation schnell zu durchlaufen und auf tieferen Ebenen zu diskutieren (vgl. Pollock/ Reken Van 2003: 148ff.).[144] Die ersten Ebenen eines kommunikativen Kennenlernens werden somit übergangen. Ausschlaggebend kann zum einen die kulturelle Gewohnheit[145] sein, zum anderen forciert es die Übung des sich wiederholenden „Neuseins“ und Kennenlernens, schnell (Gesprächs-)Anschluss zu finden. Hier liefert der Erfahrungsschatz an Erlebnissen und Wissen gleichzeitig Material für den Inhalt der (ersten) Gespräche.[146] Pollock und Van Reken sprechen aufgrund der Notwendigkeit dieses Kommunikationsmusters, des Forcierens von schnellen Beziehungen und intensiven Gesprächen bei TCK von einer „erzwungenen Extrovertiertheit“ (ebd.: 153).

---

144 Pollock und Van Reken wenden fünf Ebenen eines Kommunikations-Musters an, nach denen sich Beziehungen grundsätzlich entwickeln: 1. Oberflächliche Ebene (mit Fragen wie „Wie geht es dir? Woher kommst du? Das Wetter oder die Schlagzeilen des Tages“ (ebd.: 148)), 2. „Nummer-Sicher-Ebene“ (bei der allgemeine Fakten ausgetauscht werden (ebd.)) 3. Ebene des Urteilens (hier werden Bewertungen, Urteile und Ansichten über brisantere Themen wie Politik, Religion etc. riskiert) 4. werden auf der emotionalen Ebene Gefühle und sehr Persönliches kommuniziert und 5. die Enthüllungsebene (‚auf der Privates offenbart wird, wobei Ehrlichkeit und schutzlose Offenheit als Vertrauensbeweis gelten (vgl. ebd.: 149)). Menschen unterschiedlicher Herkunft sind nicht nur unterschiedlich schnell bereit, eine Beziehung einzugehen, sondern bewegen sich auch unterschiedlich schnell durch diese Ebenen (vgl. ebd.).

145 Z.B. gilt es unter Europäern als gängig, schon bei der ersten Begegnung über konfliktträchtige Themen zu diskutieren. Dies ist im Gegensatz in den USA nicht üblich.

146 Das Überspringen der Annäherungs-Kommunikation wird von Nicht-TCK oftmals falsch verstanden. Nicht-TCK, die es gewohnt sind, relativ lange Zeit mit der ersten und zweiten Ebene zu verbringen, können TCK deshalb oft missverstehen, da das (augenscheinliche) intensive Interesse von TCK an Nicht-TCK anders gedeutet wird. „Einige Tage nach Beginn eines Lagers kam eine Gruppe junger Nicht-TCK-Frauen unter Tränen zu Dave Pollock. Sie waren völlig verwirrt über das Verhalten der männlichen TCK. Immer wieder verwickelte ein junger Mann eine dieser jungen Frauen in ein tieferes und bedeutsames Gespräch, sodass sie dachten, er wäre an ihnen interessiert. Doch schon am nächsten Tag tat er dasselbe mit einer anderen Frau .... Doch die männlichen TCK wollten die jungen Frauen einfach nur kennen lernen und herausfinden , wie sie über das Leben, die Welt, ihren Glauben und diverse andere interessante Themen dachten. ... Die Ernsthaftigkeit dieser Gespräche vermittelte eine Ebene der Herzlichkeit und Beziehung, die für die jungen Frauen etwas völlig anderes bedeutete“ (ebd.: 154).

Der Kreislauf des häufigen Abschiednehmens und neu Kennenlernens belastet existierende Beziehungen. Durch die Vielzahl von (schnell räumlich getrennten) Beziehungen ist es für TCK schwierig, diese auf lange Zeit aufrecht zu erhalten, sodass schließlich auch viele Kontakte verloren gehen. Andauernde Beziehungen, sog. „Freunde fürs Leben“ sind für TCK aufgrund der Mobilität selten möglich. Das ständige, oft plötzliche Kommen und Gehen von (potentiellen) Freunden oder der eigenen Familie macht es den Kindern fast unmöglich, sich auf feste Freundschaften verlassen zu können, auf beständige Bindungen zu bauen und in sie zu vertrauen (vgl. Kalb/Welch 1992: 92). Selbst die TCK, die als kontaktfreudig oder offen gelten, schrecken aus Angst vor Verlusten oft davor zurück, echte Vertrautheit und Intimität aufzubauen. Wie schon bei den Stadien des Übergangsprozesses dargestellt, versuchen TCK sich vor Schmerz und Trauer zu schützen. Zu den „Schutzmauern“ (Pollock/Reken Van 2003: 155) gehört der Rückzug in die Isolation oder auch die „quick releases“ (Brinkama/Daufenbach 2000: 34), bei dem Bindungen „zu früh“ (Pollock/Reken Van 2003: 157) gelockert werden, um dem schmerzhaften Verlust einer Beziehung auszuweichen. Diese Muster können ein Leben lang (neue) Beziehungen der TCK beherrschen.

TCK weisen zwar eine große Bandbreite an Bekanntschaften auf, sodass ihr internationaler Freundeskreis ein Netzwerk und die Möglichkeit bietet, „in fast jedes Land der Erde [zu] reisen und bei einem Freund [zu] übernachten“ (ebd.: 147). Allerdings sind diese Freunde aber über den Globus verstreut, weshalb sich TCK oftmals einsam fühlen. Sie sehnen sich nach kontinuierlicher Intimität, einem beständigen Freundeskreis sowie auch der Vertrautheit einer erweiterten Familie (vgl. Eidse/Sichel 2004: 3). Das Bedürfnis nach engen, emotionalen Bindungen wird deshalb meist von der nuklearen Familie gedeckt.

Da die Familie die einzige soziale Konstante bei der hohen Mobilität ist, sind die Familienbande oftmals sehr eng. Ein hohes Maß an psychologischer Nähe ist ein herausragendes Merkmal der TCK-Familien. Anders als geographisch-stabile Kinder sind TCK übermäßig abhängig von ihrer Kernfamilie (vgl. McCaig 1994). Diese repräsentiert nicht nur die Erstkultur und Nationalität als einen der Eckpfeiler und Einflüsse auf die Drittkultur-Identität der Kinder/Jugendlichen, sondern gibt eigene Verhaltensweisen sowie Regeln vor und sorgt für Bestätigung und Sicherheit. Der mobile Lebensstil steigert die Relevanz dieser Aufgaben der Erziehung, da diese hauptsächlich die nukleare Familie übernimmt.

Freundschaften innerhalb der Gruppe der TCK unterscheiden sich erheblich in Stil und Intensität zu Freundschaften zu Nicht-TCK. Die Journalistin Martina Rampas spricht in ihrem Artikel *Kinder, total global – Babyspeck und Bonusmeilen* (2004) von einer „seltsamen Seelenverwandtschaft“ (Rampas 2004: online) unter TCK. Das tiefe Gefühl der Zugehörigkeit bezieht sich, wie bereits erläutert, „auf andere Menschen mit ähnlichem Hintergrund“ (Pollock/Reken Van 2003: 31). Es kommt zustande, da TCK mit anderen TCK die transkulturellen Kindheits-/Jugenderfahrungen und die Identität der Drittkultur teilen. „Dabei ist es erstaunlich egal, ob jemand als Diplomatensohn in Afrika aufgewachsen ist oder als Tochter einer Ingenieursfamilie in Guatemala“ (Rampas 2004: online). Durch die speziellen Formen der Gemeinsamkeiten der Drittkulturerfahrungen entsteht, wie Maletzke es als kennzeichnend für die Drittkultur formuliert, „eine neue Dimension der Gleichartigkeit“ (Maletzke 1996: 155). Wie der Kommunikationswissenschaftler betont, kann diese „zweifellos ... stärker und verbindender wirken als die anders gelagerten Gemeinsamkeiten *innerhalb* einer Kultur“ (ebd.).

5.1.3 Entwicklungsverlauf – Frühzeitige Reife und verzögerte Adoleszenz

TCK befinden sich während ihrer prägenden Entwicklungsjahre in dem besonderen Kontext von Mobilität und einer kulturübergreifenden Welt. Die Umstände und deren Implikationen (vgl. 2.2/2.4/4.2 dieser Arbeit) verursachen zwei vermeintlich gegensätzliche Erscheinungen, die jedoch Hand in Hand gehen: Die frühzeitige Reife und die verzögerte Adoleszenz.

Jugendliche TCK vermitteln häufig den Eindruck von „Mini-Erwachsene[n]“ (Pollock/Reken Van 2003: 166) und werden von ihrer Umgebung als frühreif empfunden. Diese TCK wirken „intellektuell weiter“ (Brinkama/Daufenbach 2000: 35) als Gleichaltrige, sie erscheinen kommunikativ, selbstsicher und selbständig. Dieses Entwicklungsmuster der „vorzeitigen Reife“ (Pollock/Reken Van 2003: 165) wird durch folgende vier Aspekte gestützt:

1. Breites Grundwissen: Dies ist auf den TCK-Lebensstil zurückzuführen. TCK sind aufgrund ihrer erweiterten, dreidimensionalen Welt-

sicht in ihrem Wissens- und Erfahrungsschatz bezüglich Kulturen, Geographie, Politik anderer Länder oft ihrem Altersstand voraus (vgl. ebd.).

2. Beziehungen zu Erwachsenen: Der unbeschwerte, selbstsichere Umgang von TCK mit Erwachsenen rührt daher, dass sich in den meist kleinen Gemeinschaften der Drittkultur die Generationen mischen und in den *Expat*-Gesellschaften ein intensiver Kontakt zu Erwachsenen üblich ist. TCK fühlen sich deshalb in Gesellschaft Älterer wohl (vgl. Tunberg o.J.).

3. Kommunikationsfähigkeiten: Diese werden nicht nur durch den extensiven Umgang mit Erwachsenen gefördert werden, sondern drücken sich auch in sprachlicher Gewandtheit und in unbefangener Mehrsprachigkeit aus (vgl. Brinkama/Daufenbach 2000: 35).

4. Frühe Selbständigkeit: Sie wird durch wiederholte Transitionserfahrungen und das Zurechtfinden in unterschiedlichen Situationen und Ländern gefordert (vgl. ebd.).

Unter diesen Gesichtspunkten scheinen TCK „ihrem Alter voraus“ (Pollock/Reken Van 2003: 167). Andererseits bedingt die frühzeitige Reife auch die verspätete Adoleszenz. Da, wie bereits beschrieben, Rollenvorbilder wie ältere Jugendliche fehlen, dauert das Loslösen aus den familiären Verhaltensmustern länger. Auch wegen der eingeschränkten Kindheit durch die Bedingungen der Sponsororganisationen kommt es laut Pollock und Van Reken bei TCK zu einer verzögerten Rebellion (wie z.B. die radikale Ablehnung jeder bisheriger Konventionen und jeglicher Unterordnung) kommen (vgl. ebd.). Somit ist die Adoleszenz, zu der gehört, die Regeln von Eltern und Gesellschaft zu hinterfragen und sie auf die Probe zustellen, vielfach erst bei TCK im Alter von 22 bis 24 Jahren zu beobachten (vgl. Baker-Cottrell/Hill Useem 1999b; Glickberg-Skipper o.J.).

Folgende Schwierigkeiten ergeben sich für TCK während ihrer Entwicklungsjahre:

1. Eine selbstbewusste, selbstsichere Positionierung ist durch das Identitätsdilemma erschwert und zeitlich verschoben.

2. TCK beschäftigen sich durch das permanente Jonglieren mit und Pendeln zwischen den Kulturen und dem fortwährenden Umgang mit Erwachsenen weniger (als Gleichaltrige) mit sich selbst und haben nicht die Freiheit, ihre Talente und Stärken zu erkunden, „weil sie im-

mer noch zu sehr damit beschäftigt sind, welches Verhalten angebracht ist und welches nicht" (Pollock/Reken Van 2003: 169).

3. Die Entwicklung der Kinder/Jugendlichen verzögert sich durch den eingeschränkten Aktionsradius, den TCK haben. Viele müssen sich an einen bestimmten „Status quo" (ebd.) der Sponsororganisation halten, der Freiheit und Rebellion nur wenig Raum lässt. Bspw. ist der Aktionsradius der *Military Brads* aus Sicherheitsgründen auf den Militärstützpunkt oder der von *Missionary Kids* auf das Missionsgelände beschränkt. Gleichzeitig müssen sich besonders Kinder von Diplomaten, Missionaren oder Armee-Angehörigen in einem „starren System" (ebd. 174) stärker und länger an Maßstäbe und Vorschriften halten als andere Kinder. Aufgrund ihrer Systemidentität repräsentieren diese TCK etwas, „was größer ist als sie selbst" (ebd.: 35), sodass das Verhalten der Kinder/Jugendlichen die (An-)Stellung der Eltern beeinflussen und gefährden kann. „Wenn ein Botschafterkind Drogen nimmt, oder eine Missionarstocher schwanger wird" (ebd.: 170), führt dies zur Entlassung des Anstellungsträgers und zum Abbruch des Auslandseinsatzes. Folglich haben TCK nicht die kindlichen/jugendlichen Freiheiten, an Grenzen zu stoßen und auszuprobieren. Der Prozess der Adoleszenz wird dadurch oft auf eine spätere Lebensphase außerhalb der Systemidentität verschoben.

4. Der Mangel an starken/engen Beziehungen zu Gleichaltrigen ergänzt die Gründe der verzögerten Adoleszenz (vgl. ebd.: 171).

5. Schließlich können inkompatible Bildungssysteme den Eindruck einer verzögerten Adoleszenz erwecken, wenn z.B. internationale Schulabschlüsse im Heimatland nicht anerkannt werden.

Es ist also insgesamt zu konstatieren, dass dem TCK-Lebensstil und den Reaktionen darauf ein Paradox eigen ist. Gerade der Reichtum, die Vielfalt und Fülle der TCK-Erlebnisse bringt bestimmte Entsagungen, Mängel und Verluste mit sich. Wie dargestellt, sind die Vor- und Nachteile stets durch diesen Reichtum und diese Mängel miteinander verknüpft und Charaktereigenschaften, Verhaltensmuster sowie Entwicklungsverlauf der TCK dadurch gezeichnet. Zusammenfassend lässt sich festhalten, dass sich die kaleidoskopische Identität der TCK im Wesentlichen aus der Quintessenz transkultureller Kindheits-/Jungenderfahrungen zusammensetzt.

Die Diskussion zeigt, dass das TCK-Dasein von einer Vielfalt und Vielgestaltigkeit skizziert ist. Diese bezeichnen Bethel und Van Reken treffend als *hidden diversity* (Bethel/Reken Van 2005: online), da sie nicht offensichtlich erscheint, aber doch im Lebensstil, in Erfahrungen, Charakterzügen und Fähigkeiten der TCK präsent ist und in der kaleidoskopischen Identität verkörpert wird. Gleichzeitig wird für TCK durch diese *hidden diversity* (ebd.) der Identitätsprozess verzwickt. Denn wie das Institut für Kulturpolitik bedeutend festhält, ist „Identität für die einzelne Person .. das Wissen darum, wer sie ist, was sie ausmacht, wohin sie sich persönlich entwickeln möchte“ (Institut für Kulturpolitik 2004: online). Durch die Vielfalt und kaleidoskopische Buntheit gestaltet sich dieses Wissen für TCK kompliziert.

Wie die Ausführungen dieser Arbeit insgesamt belegen, vollzieht sich die Identitätsentwicklung der TCK in einem Spannungsfeld verschiedener (kultureller) Einflüsse, sodass Uneindeutigkeit, Unsicherheit, Widerspruch und Ambivalenz auszuhalten und zu meistern sind. Durch sie muss die Identität, wie Bhabha für die kulturelle Identität bzw. Hybridkultur fordert, immer neu verhandelt werden (vgl. Bhabha 2000). Schließlich gilt für TCK das, was auch Stuart Hall für Menschen einer hybriden Kultur deklariert: Sie sind „unwiderruflich das Produkt mehrerer ineinander greifender Geschichten und Kulturen“ (Hall 1994: 218) und finden in der Transkulturalität eine neue Form der Identität, womit im Folgenden die Arbeit komplettiert wird.

5.2 Transkulturalität als Identitätsmodell

Die gängigen Anhaltspunkte, welche die kulturelle Identität einer Person bestimmen, sind für TCK ungültig: Mit jeder Relokalisation ändern sich Ort, Sprache, Gesellschaft und Kultur, die sonst das „Rahmenkonzept“ (Freise 2005: 11) stellen. Eine eindeutige kulturelle Identität, die primär auf monokulturellen Werten und deren Internalisierung beruht, existiert für TCK nicht.[147] Vielmehr sind sie während ihrer Entwicklung mit vielen Wertesystemen, verschiedenen Verhaltensweisen, divergierenden Überzeugungen, Ansichten und entsprechend widersprüchlichen Codices konfrontiert. Sie können deshalb nicht *eine* spezifische Kultur verinnerlichen und keine monokulturelle Identität entfalten. Zusätzlich verändert sich die Beziehung der TCK

147 Die kulturelle Identität kommt durch ein bestimmtes Wertesystem, mit seinen kulturellen Auflagen, eigenen Bedingungen, seiner spezifischer Weltsicht sowie bestimmten Einstellungen, Überzeugungen sowie Verhaltensweisen und schließlich der Verinnerlichung derer zustande (vgl. Thomas 1993: 270; Bender 1992: 78). Dabei gestalten die kulturellen Variablen die Struktur und den Inhalt der Identität (vgl. Ting-Toomey 1989: 351).

zur dominanten, umgebenden Kultur (Spiegel/heimlicher Einwanderer/Adoptivkind/Ausländer) sowie der Kreis der beeinflussenden Bezugspersonen mit jeder Relokalisierung, sodass auch hier eine Bestimmung und Empfindung der kulturellen Identität deutlich erschwert ist. Überdies sind TCK durch die hohe Frequenz der Relokalisierungen zu kurz an einem Ort, um dort Wurzeln einer kulturellen Identität ausbilden zu können. Durch verschiedene kulturelle Begegnungen und stetig neue Auseinandersetzungen mit örtlichen Eigenheiten und gesellschaftlichen Bedingungen während ihrer Kindheit und Jugend gilt für TCK, was der Philosoph Wilhelm Lütterfelds et al. im Werk *Die Welt ist meine Welt: Globalisierung als Bedrohung für kulturelle Identität* (2004) festhalten: „In dem Maße, in dem es schwieriger wird, das ‚Eigene' vom ‚Fremden' klar und eindeutig zu trennen, wird auch die Definition der eigenen .. Identität erschwert" (Lütterfeld/Mohr/Salehi 2004: 7). Die kulturelle Identität von TCK wird also zunächst massiv in Frage gestellt und schließlich zumindest teilweise aufgelöst (vgl. ebd.).

Auch eine ethnische Fundierung der Identität besteht für TCK deshalb nicht, weil sie den Forderungen Erdheims nach einem eindeutigen Verhältnis vom Fremden zum Eigenen nicht nachkommen können (vgl. Erdheim 1993: 163f.).[148] Die Kategorien sind für TCK aufgrund ihres kulturübergreifenden Aufwachsens, der internationalen Beziehungen und der transkulturellen Enkulturation nicht klar trennbar. Auch

148 Die ethnische Identität entsteht in der Abgrenzung der eigenen von einer fremden Kultur. Wie Erdheim betont, werden in ihr „die Kategorien des Eigenen und des Fremden in ein Verhältnis zueinander" (Erdheim 1993: 163) gesetzt. Laut einer Studie der kanadischen Psychologie-Professorin Frances Aboud et al. beginnt die Entwicklung einer ethnischen Identität im Kindesalter von sechs Jahren (wobei Kinder in diesem Alter dazu neigen, die Gegensätze hervorzuheben und zu betonen, was sie im Unterschied zu der anderen Gruppe ausmacht). Mit zehn Jahren sind Kinder besonders interessiert an den konkreten Unterschieden (vgl. Aboud/Cvetkovich/Smiley 1975: 162f.) Die Studie der Forscher suggeriert eine direkte Beziehung zwischen Reaktionen von Kindern auf andere ethnische Gruppen und ihrer eigenen Entwicklung einer ethnischen Identität. D.h., abhängig von dem Stand der eigenen Identitätsentwicklung variiert das Interesse an der eigenen *ethnic group* und der ethnischen Identität anderer. Erforscht wurden in den USA 36 anglo-amerikanische und 36 *Indian-American* Kindergartenkinder sowie 36 Erstklässler indianischer Abstammung (vgl. Aboud/Cvetkovich/Smiley 1975). Zu vermerken ist hier auch, dass ist ein Kulturverständnis, das auf der Zugehörigkeit einer Ethnizität basiert, heute überholt ist und nicht mehr als „zukunftsfähige Grundlage für eine konstruktive Gestaltung des Zusammenlebens von Menschen ... betrachtet" (Institut für Kulturpolitik 2004) wird.

ändert sich die Relation zur dominanten Kultur. Im Sinne Erdheims gerät die ethnische Identität, auch im Fall der TCK, außerdem „von zwei Seiten unter Druck" (ebd.: 178): Es kommt durch mannigfaltige Kulturkontakte zu einer „Aufweichung" (ebd.) der Ethnizität. Zudem verkümmert die ethnische Identität zunehmend durch erhöhte Mobilität, in deren Folge Erdheim von einem „Zusammenfall von Familie und Ethnie" (ebd.) spricht.[149] Dies ist auch bei TCK zu beobachten, deren ethnische Identität eher der einer (kern-)familiären Identität entspricht.

Transkulturalität, die ich als Identitätsmodell der TCK benenne, konzipiert sich laut Welsch „jenseits des Gegensatzes von Eigenkultur und Fremdkultur" (Welsch 2002: 1). Stuart Halls Aussage, Globalisierung bringe Identitäten „pluraler und vielfältiger sowie weniger fixiert, einheitlich und transhistorisch" (Hall 1999: 434) hervor, trifft auf TCK deutlich zu. TCK berühren diverse kulturelle Elemente, überspannen mehrere Kulturen und sind durch die Teilhabe an der Drittkultur gekennzeichnet. In der Folge repräsentieren und artikulieren sie verschiedene Kulturen, kulturübergreifende Werte und Normen, internationale Erfahrungen und interkulturelle Fähigkeiten als „Fusionen bis in ihren Kern hinein" (Welsch 1995: online: 3) und sind somit transkulturelle Persönlichkeiten.

Um den Kreis zu schließen, komme ich erneut auf die eingangs vorgestellte Voraussage Adlers einer neuen Persönlichkeit zurück. Es lässt sich resümierend feststellen, dass das Phänomen TCK Adlers Prophezeiung erfüllt und sie im Sinne Welschs Konzept der Transkulturalität fortsetzt. Wie dargelegt, wird die von Adler festgehaltene psychokulturelle Anpassungsfähigkeit im Zuge der Relokalisationen von TCK verlangt und bestätigt. TCK setzen sich psychologisch, kulturell und sozial mit einer Vielzahl von Lebensweisen auseinander, weil ihr Lebensstil zahlreiche Begegnungen mit unterschiedlichen Kulturen bedingt. Third Culture Kids stehen bei der Expatriation, während der Auslandaufenthalte, bei jeder Relokalsation sowie bei der Repatriation stets in Beziehung und im Verhältnis zum kulturellen Umfeld und zur dominanten Gesellschaft. Sie sind somit, wie von Adler verlangt, „kontextuell relativ" (Adler zitiert in Stadler 1994: 105). Durch die hohe Mobilität

149 Erdheim leitet diesen Gedanken daraus ab, dass bei einer Auswanderung bzw. einem Umzug „das Ausland bereits an der Grenze zur Wohnung" (ebd.) anfinge, und der die Familie umgebende Kreis von außerfamiliären Beziehungen, durch den das Ethnische vermittelt werden könne, im Ausland fehle (vgl. ebd.).

und die verschiedenen kulturellen Einflüsse befinden sich TCK „im steten Wandel“ (Adler 1977: 30). Durch die Prozesse der möglichen Identifikation[150] und ständig wechselnden Bezugssysteme muss sich die Persönlichkeit, wie von Adler gefordert, „ständig neu kreieren“ (ebd.). Dies geschieht bei TCK mit jeder Relokalisation, in speziellen Situationen und in Form der schwierigen Positionierung. Die von Adler aufgestellten Kriterien der „undefinierten Grenzen des Selbst“ (ebd. 1998: 235) treffen auf TCK in Form der chamäleonartigen Anpassungskunst bzw. Abgrenzung sowie der damit einhergehenden diffusen Identität zu und spiegeln sich auch in der kaleidoskopischen Identität wieder.

Stuart Hall erklärt das Konstrukt „Identität“ wie folgt:

> Unsere ‚Identität' ist vermutlich besser zu verstehen als Sediment von unterschiedlichen Identifikationen und Positionen, die wir bislang aufgenommen und versuchsweise gelebt haben, sicherlich modifiziert durch eine individuelle Mischung von Umständen, Gefühlen, Geschichten und Erfahrungen (Hall 2002: 105).

Bei TCK wird das Sediment, von dem Stuart Hall spricht, durch das kulturübergreifende Aufwachsen vielschichtig und durch Transkulturalität geformt. Angesichts der Heterogenität der TCK ist dabei eine „individuelle Mischung“ (ebd.) gegeben. Die „innere Differenziertheit“ (Schmitz o.J.: online) der Transkulturalität ermöglicht aufgrund dynamischer Verknüpfungen unterschiedlichster kultureller Einflüsse und Prägungen die von Welsch betonte „Vielheit unterschiedlicher Lebensformen transkulturellen Zuschnitts“ (Welsch 1995: online: 4), die insgesamt durch die Drittkultur, die als „neue Form ... durch die klassischen Kulturgrenzen wie selbstverständlich hindurchgeht“ (ebd. 2002: online), vernetzt sind. Aufgabe der Identitätsbildung und Ziel des Drittkultur-Bewusstseins ist die Verbindung der transkulturellen Elemente

150 Ebenso wie Stuart Hall befürwortet auch Zygmunt Bauman den Begriff der Identifikation: „Perhaps instead of talking about identities, inherited or acquired, it would be more in keeping with the realities of the globalizing world to speak of *identification*, a never-ending, always incomplete, unfinished and open-ended activity“ (Bauman 2001: 482). Zu Bhabhas Verständnis von Identität und Identifikation vgl. Rutherford 1990: 211f.. Eine transkulturelle Identität ist, so der schwedische Anthropologe Jonathan Friedman, nur möglich, wenn der Identifikationsprozess transkulturell sei, d.h. kulturübergreifend „on a level above the nation-state and not between them“ (Friedman 1994: 204) stattfinde (vgl. dazu auch Featherstone 2001: 509).

und Einbeziehung der transkulturellen Kindheits- und Jugenderfahrungen. „Dschungelkind“ Kuegler erkennt: „Ich werde immer ein Teil des Dschungels sein, und der Dschungel wird immer ein Teil von mir sein. Ich gehöre in zwei Welten und in zwei Kulturen“ (Kuegler 2005: 338).

Schlussbetrachtung

In dieser Arbeit habe ich das Phänomen Third Culture Kid in seiner quantitativen und qualitativen Dimension präsentiert und die Entstehung sowie die Konsequenzen der transkulturellen Kindheits- und Jugenderfahrungen dargelegt. Schlussfolgernd leistet diese Arbeit einen Beitrag zur Erkenntnis über und zum Verständnis von und mit Third Culture Kids. Zudem zeigt sie den Bedarf an Unterstützung sowie Betreuung von Third Culture Kids auf.

Das Phänomen Third Culture Kid habe ich zunächst durch den Rahmen der internationalisierenden gesellschaftlichen Entwicklung und wirtschaftlichen Globalisierung eingeleitet, durch die Kinder/Jugendliche vermehrt von den beruflichen Entscheidungen ihrer Eltern betroffen sind. Auch wurde auf die wissenschaftlichen Ansätze der vergangenen Jahrzehnte zum Phänomen TCK hingewiesen. Unter Abwägungen klassischer Migrationskonzepte und unter Einbeziehung des neueren Modells der Transkulturalität habe ich TCK als transkulturelle Persönlichkeiten definiert.

Die Darstellung des Aufwachsens in mehreren Kulturen machte die Ausgangssituation der Prägung zum Third Culture Kid deutlich. Dabei wurde im Wesentlichen der Mangel an kindgerechter Vorbereitung und Unterstützung bei Auslandsaufenthalten aufgezeigt und deren Bedarf erläutert. Im Kontext der hohen Mobilität half das Übergangsmodell von David Pollock und Ruth Van Reken zu verstehen, in welchen Phasen sich Third Culture Kids wiederholt befinden, und vor welche Herausforderungen sie gestellt werden. Es zeigt sich, dass die Expatriation bzw. jede Relokalisation mit Kindern nicht, wie vielfach angenommen, unproblematisch ist. Vielmehr weisen Kinder altersspezifische Stressreaktionen und Probleme bei der Umstellung auf, die m.E. unterschätzt werden. Durch die verschiedenen Einflüsse, unter denen Third Culture Kids im Ausland aufwachsen, wurde die spezielle TCK-Prägung illustriert und die Potenzierung der einwirkenden Komponenten aufgrund der Mobilität und verschiedenen kulturellen Kontexte aufgezeigt.
Mit der Abhandlung der Repatriation und der speziellen Wiedereintrittsproblematik der Third Culture Kids in das vermeintliche Heimatland habe ich die Entfaltung des TCK-Daseins erklärt. Wichtig zu beachten ist, dass die (Aus-)Wirkungen der Repatriation und die Schwierigkeiten des Nachhausekommens mit der Dauer der Abwesen-

heit aus dem Passland und mit dem Alter des Kindes/Jugendlichen zunehmen. Besonders Jugendliche zeigen während ihrer Anpassungsversuche Reaktionen, die von Angleichung über Abgrenzung bis zur Unwahrnehmbarkeit reichen. Unter den Erklärungsansätzen für die Repatriationsproblematik wurde Pollocks und Van Rekens Modell der kulturellen Beziehungsmuster hervorgehoben und besonders die Kategorie der heimlichen Einwanderer, zu denen TCK bei der Rückkehr in die Erstkultur werden, betont. Als Kernaussage ist festzuhalten: Third Culture Kids fühlen sich nicht nur „anders", sie sind aufgrund ihrer *hidden diversity* „anders". Bei der „Heimkehr" stellen TCK außerdem eine Heimatlosigkeit fest. Da das vermeintliche Zuhause des Passlandes für sie kein wirkliches Zuhause ist, werden sie wurzellos.

Das Leben zwischen den Kulturen zeichnet sich durch eine Entortung der Third Culture Kids aus. Zu unterstreichen ist, dass TCK aufgrund des mobilen Lebensstils häufig und intensiv Verluste erleiden, die sich in unverarbeiteter Trauer manifestieren. Die von Third Culture Kids erlebten typischen Grenzerfahrungen wie Liminalität, durch die TCK bei der Transition weder Teil des alten noch Teil des neuen Lebens sind, sowie die kulturelle Marginalität, die TCK überall und nirgends beheimatet, zeigten die (Aus-)Wirkungen der Entortung. Bei der Suche nach Zugehörigkeit stoßen TCK zwangsläufig auf ihre Marginalität, die entweder eine negative, einkapselnde oder eine positive, konstruktive Reaktion bei TCK auslöst. Die Drittkultur als internationale, transkulturelle Kultur gewährt den im Ausland aufgewachsenen Kindern/Jugendlichen schließlich eine Zugehörigkeit und Verortung. Als wesentlich festzuhalten ist, dass die Drittkultur weder die der Eltern bzw. der Erstkultur noch die der Zweitkultur(en) ist, sondern aus transkulturellen Lebensarten etwas Neues modelliert.

Hervorzuheben ist nochmals, dass gerade der Reichtum des TCK-Lebensstils trotz seiner besonderen Vorteile und Erlebnisse auch eine Fülle von Schwierigkeiten, Mängel und Entsagungen mit sich bringt. Diese Dynamik wirkt sich auf die kaleidoskopische Identität aus, anhand derer ich das Profil der Third Culture Kids abgerundet habe. Die Ambivalenzen von Vor- und Nachteilen sowie bestimmte Charakterzüge machten den Zusammenhang zwischen Reichtum und Mangel deutlich. Spezifische Muster für zwischenmenschliche Beziehungen und den Entwicklungsverlauf illustrierten darüber hinaus die Auswirkungen der transkulturellen Kindheits- und Jugenderfahrungen. Wichtig ist hierbei, zu erkennen, dass die aufgezeigten unterschiedlichen, gar diametralen Umgangs- und Verhaltensformen der TCK auf gemeinsame Problemstrukturen zurückzuführen sind, und dass sie spezifisch für

TCK sind. Da alle TCK gleichen Situationen begegnen, analoge Gefühle empfinden und ähnliche Erfahrungen machen, ist das Phänomen unabhängig von Nationalität, Gastland, Sprache etc. und trotz aller Vielfalt homogen. Transkulturalität erschließt sich mir als geeignetes Identitätsmodell für Third Culture Kids, da in ihr Elemente aller Kulturen, in denen TCK gelebt haben und mit denen sie sich je identifiziert haben, verknüpft werden. Sie ermöglicht eine Identität jenseits von Gegensätzen oder Zerrissenheit und präsentiert sich durch Vielgestaltigkeit.

In der Konsequenz ist zu monieren, dass das Phänomen trotz gesellschaftlicher, sozialer und wirtschaftlicher Wandlungs- und Wanderungsprozesse nicht genügend berücksichtigt wird. Wie die Arbeit zeigt, wirft eine Kindheit/Jugend, die in Teilen im Ausland verbracht wird, wichtige gesellschaftliche Fragen auf. Weitgehend alleine gelassen sind TCK bei der Ausbildung eines Gefühls von (Gruppen-)Zugehörigkeit. Auch die daraus resultierenden Probleme der TCK spielen in der gesamtgesellschaftlichen Betrachtung keine oder kaum eine Rolle. Dennoch bestehen ein gesellschaftlicher Bedarf und besonders ein wirtschaftliches Interesse an TCK. Als Erwachsene (über-)erfüllen sie die Anforderungen der modernen internationalen Geschäftswelt, die sowohl auf einem globalen als auch auf einem interkulturellen wirtschaftlichen Austausch zwischen Nationen und Staaten basiert. Die (Auslands-)Erfahrungen, Kenntnisse von Ländern und Mentalitäten und (Sprach-)Fähigkeiten der TCK werden zunehmend als Kompetenzen gefragt und in der beruflichen Tätigkeit verlangt, wie die Kriterien der Bundesagentur für Arbeit 2006 beurkunden (vgl. Zentrale für Arbeitsvermittlung der Bundesagentur für Arbeit 2006).
Wie eingangs vermerkt, prophezeit Ted Ward bereits 1984 TCK als Prototypen der heutigen Zeit. Forciert wurde diese Entwicklung von Globalisierung und Internationalisierung sowie von steigender Quantität und Qualität der Auslandsaufenthalte. Inzwischen ist Wards Einschätzung deutlich bestätigt, das Phänomen nicht zuletzt auch aufgrund der aufgezeigten Tanskulturalität von großer Aktualität.

Die Erfahrungen der Third Culture Kids zeigen heute, wie wichtig eine kindgerechte Vorbereitung auf internationale Ortswechsel ist, um Ausreise, Übergangserfahrungen und Anpassung im Gastland zu erleichtern sowie kindliche Ängste oder Probleme ernst zu nehmen. Hierbei sind professionelle Unterstützungen (im Auftrag der Sponsororganisationen) speziell für Kinder/Jugendliche angemessen. Aufgrund der unterschiedlichen Erfahrungen, die Erwachsene und Kinder bei Auslandsaufenthalten machen und den Konsequenzen daraus, ist m.E. die Aufklärung der Eltern erforderlich, damit sie die Lebensgeschichte ihrer Kinder begreifen und sie bestärken können. Betont werden anhand des Phänomens TCK die Unterschiede in den Wahrnehmungen von Kindern und Erwachsenen. Hier eröffnen sich im Kontext von Kindheit in verschiedenen gesellschaftlichen Zusammenhängen und unter dem Nachdruck der Globalisierung und Internationalisierung neue Forschungsthemen.

Ferner sollten m.E. speziell Pädagogen an internationalen Schulen bzw. Auslandsschulen mit dem Phänomen TCK vertraut sein, um neue Schüler in ihrer Transition zu betreuen, Kinder während des Auslandsaufenthaltes zu begleiten und sie auf erneute Relokalisationen (speziell auch die Repatriation) vorzubereiten.

Essentiell ist nach meiner Überzeugung, dass TCK sich selbst mit ihrer Entwicklung zum TCK und den Konsequenzen auseinandersetzen. Aus eigener Erfahrung und im Zuge dieser Arbeit kann ich sagen, dass (Er-) Kenntnis, Einsicht, Benennung und Erklärung der typischen Lebenserfahrungen bereichernd sind. Ein daraus resultierendes Verständnis für Chancen und Schwierigkeiten sowie Gefühle und Lebensweisen sind m.E. besonders für erwachsene Third Culture Kids wertvoll, da ihre Identität einen Namen bekommt. Dies hilft den TCK, sich selbst zu akzeptieren, zu begreifen wo und wie sie verortet sind. Durch die Reflexion können sie sich Herausforderungen stellen, Vorteile maximieren und ihre kulturübergreifenden Kindheits- und Jugenderfahrungen zu einer bewussten Transkulturalität verflechten.

Literaturverzeichnis

Aboud, Frances/Cvetkovich, George T./Smiley, Sandra S. (1975): Interest in Ethnic Groups: Information Seeking in Young Children. In. Berry, J.W./Lonner, W.J. (Hrsg.) *Applied Cross-Cultural Psychology*. Amsterdam: Swets and Zeitlinger B.V., 162-167.

Adler, Peter S. (1977): Beyond Cultural Identity: Reflections upon Cultural and Multicultural Man. In: Brislin, Richard W. (Hrsg.): *Cultural Learning Concepts, Application and Research*. Honolulu: University of Hawaii Press, 24-41.

Adler, Peter S. (1987): Culture shock and the cross-cultural learning experience. In: Luce, L. F./Smith, E. C. (Hrsg.): *Toward Internationalism*. Cambridge: Newbury, 14-35.

Adler, Peter S. (1998): Beyond Cultural Identity. Reflections on Multiculturalism. In: M. Bennett (Hrsg.): *Basic Concepts of Intercultural Communication*. Selected Readings. Yarmouth: Intercultural Press, 225-245.

Ahmed, Sara (Hrsg.) (2003): *Uprootings/Regroundings. Questions of Home and Migration*. Oxford/New York: Berg.

Albrecht, Günter (1972): *Soziologie der geographischen Mobilität: Zugleich ein Beitrag zur Soziologie des sozialen Wandels*. Stuttgart: Enke.

Allende, Isabel (1994): *Paula*. Frankfurt a. M.: Suhkamp.

Arasaratnam, Lily A./Doerfel, Marya L. (2005): Intercultural communication competence: Identifying key components from multicultural perspectives. In: *International Journal of Intercultural Relations*, Vol. 29. Elsevier Ltd., 137–165.

Asante, Molefi Kete/Gudykunst, William B. (Hrsg.) (1989): *Handbook of International and Intercultural Communication*. Newbury Park/London/New Delhi: Sage Publications.

Asch, Frank (1986): *Goodbye House*. New York: Aladdin Paperbacks.

Auernheimer, Georg (1998): Grundmotive und Arbeitsfelder interkultureller Bildung und Erziehung. In: Bundeszentrale für politische Bildung (Hrsg.): *Arbeitshilfen für die politische Bildung, Interkulturelles Lernen*, Bonn: 18-28.

Auswärtiges Amt (2003): *Allgemeines Anforderungsprofil für alle Mitarbeiterinnen und Mitarbeiter*, im Internet veröffentlicht unter: http://www.auswaertiges-amt.de/www/de/aamt/job/jobs_aa/anforde rungs profil_html (Stand: 20. März 2006).

Auswärtiges Amt (2005): *Die Mitarbeiterinnen und Mitarbeiter*, im Internet veröffentlicht unter: http://www.auswaertiges-amt.de/www/de/aamt/zentrale /mitarbeiter_html (Stand: 20. März 2006).

Bachmann-Medick, Doris (1998): Dritter Raum. Annäherungen an ein Medium kultureller Übersetzung und Kartierung. In: Breger, Claudia/Döring, Tobias (Hrsg.): *Figuren der/des Dritten. Erkundungen kultureller Zwischenräume.* Amsterdam: Rodopi B.V, 19-33.

Baker Cottrell, Ann (1999): *ATCKs have problems relating to their own ethnic groups*, (ursprünglich erschienen in: *The newspaper of International Schools Services*; November 1993) im Internet im April 1999 veröffentlicht als Artikel 4 von 5 unter: www.tckworld.com / useem/art4.html (Stand: 21. Juli 2005).

Baker Cottrell, Ann/Hill Useem, Ruth (1999 a): *ATCKs maintain global dimensions throughout their lives*, (ursprünglich erschienen in: *The newspaper of International Schools Service*, vol. XIII. Nr. 4; März 1994) im Internet veröffentlicht im April 1999 als Artikel 5 von 5 unter: www.tckworld.com/useem/art5.html (Stand: 21. Juli 2005).

Baker Cottrell, Ann/Hill Useem, Ruth (1999 b): *TCKs Experience Prolonged Adolescence*, (ursprünglich erschienen in: *The newspaper of International Schools Services*; November 1993) im Internet veröffentlicht im April 1999 als Artikel 3 von 5 unter: www.tckworld.com/useem/art3.html (Stand: 21. Juli 2005).

Baker Cottrell, Ann/Hill Useem, Ruth (1999 c): *TCKs Four Times More Likely to Earn Bachelor's Degree*, (ursprünglich erschienen in: *The newspaper of International Schools Services*; Mai 1993) im Internet im April 1999 veröffentlicht als Artikel 2 von 5 unter: www.tckworld.com/useem/art2.html (Stand: 7. Juli 2005).

Balakrishnan, Supriya Harida (1999): *Third cultures Kids – Modern-day Nomads*, (ursprünglich erschienen in: *The International Indian*, Vol. 7, Nr. 3; Mai 1999) im Internet veröffentlicht unter: www.lclark.edu/dept/iso/tck_supriya.html (Stand: 4. Juli 2005).

Bargatzky, Thomas. (1993): Die Ethnologie und der Begriff der kulturellen Fremde. In: Wierlacher, Alois (Hrsg.): *Kulturthema Fremdheit. Leitbegriffe und Problemfelder kulturwissenschaftlicher Fremdheitsforschung*. München: Iudicium, 219-235.

Barloewen von, Constantin (1993): Fremdheit und interkulturelle Identität. Überlegungen aus der Sicht der vergleichenden Kulturforschung. In: Wierlacher, Alois (Hrsg.): *Kulturthema Fremdheit. Leitbegriffe und Problemfelderkulturwissenschaftlicher Fremdheitsforschung*. München: Iudicium, 297-319.

Barth, Wolfgang (1998): Multikulturelle Gesellschaft. In: Bundeszentrale für politische Bildung (Hrsg.): *Arbeitshilfen für die politische Bildung. Interkulturelles Lernen*, Bonn: 10-17.

Bauman, Zygmunt (1997): *Flaneur, Spieler und Touristen. Essays zu postmodernen Lebensformen*. Hamburg: Edition HIS Verlagsgesellschaft.

Bauman, Zygmunt (2001): Identity in the globalizing world. In: Ben-Rafael, Eliezer/Sternberg, Yitzak (Hrsg.): *Identity, Culture and Globalization*. Leiden/Boston/Köln: Brill, 471-482.

Bender, Christiane (1992): Kulturelle Identität, interkulturelle Kommunikation, Rationalität und Weltgesellschaft. In: Reimann, H. (Hrsg.): *Transkulturelle Kommunikation und Weltgesellschaft. Zur Theorie und Pragmatik Kommunikation*. Opladen: Westdeutscher Verlag, 66-81.

Bennett, Janet (1993): Cultural Marginality: Identity Issues in Intercultural Training. In: Paige, E. Michael (Hrsg.): *Education for the Intercultural Experience*. Yarmouth: Intercultural Press.

Bennett, Milton J. (1998): Intercultural Communication, a Current Perspective. In: Bennett, Milton (Hrsg.): *Basic Concepts of Intercultural Communication*, Yarmouth: Intercultural Press Inc., 1-34.

Benson, John (2004): *Emplacing Our Lives: The Role of Place in the Lives of Third Culture Kids*, im Internet veröffentlicht unter: http://www.incengine.org/incEngine/sites/figt/information/emplace_ lives_ summ.htm (Stand 11. Juni 2006).

Berg, Wolfgang (1999): Kollektive Identität, Zugänge und erste Überlegungen. In: Hahn, Heinz (Hrsg.): *Kulturunterschiede. Interdisziplinäre Konzepte zu kollektiven Identitäten und Mentalitäten*. Band 3. Frankfurt: IKO Verlag für Interkulturelle Kommunikation, 217-239.

Bethel, Paulette M./Reken Van, Ruth (2005): *Third Culture Kids: Prototypes for Understanding Other Cross-Cultural Kids*, im Internet veröffentlicht unter: http://www.crossculturalkid.org/Fall2005_Kids_Article.pdf (Stand: 16. Juli 2006).

Bhabha, Homi K. (2000): *Die Verortung der Kultur*. Tübingen: Stauffenburg Verlag.

Bittner, Andreas (o.J.): *Auslandsvorbereitung – Erfahrungen und Empfehlungen*, im Internet veröffentlicht unter: www.ifim.de/reports/av_empfehlung.pdf (Stand: 4. November 2005).

Bittner, Andreas/Reisch, Bernhard (1993): *Aspekte interkulturellen Managements*. Band 1. Bad Honnef: Institut für Interkulturelles Management.

Blohm, Judith M. (1996): *Where in the World Are You Going*? Yarmouth: Intercultural Press Inc.

Boesch, Ernst E. (1996): Das Fremde und das Eigene. In: Thomas, Alexander (Hrsg.): *Psychologie interkulturellen Handelns*. Göttingen/Bern: Hogrefe, 87-106.

Bourdieu, Pierre (1974): *Zur Soziologie der symbolischen Formen*. Frankfurt a. M.: Suhrkamp.

Breger, Claudia/Döring, Tobias (Hrsg.) (1998): *Figuren der/des Dritten. Erkundungen kultureller Zwischenräume*. Amsterdam: Rodopi B.V, 1-18.

Brinkama, Alexandra/Richter, Marlene/Zhong, Ming (1997): *Deutsche Führungskräfte und Mitausgereiste in Thailand: Interview-Auswertung*. Bad Honnef: Institut für Interkulturelles Management.

Brinkama, Alexandra/Daufenbach, Rolf/Bittner, Andreas (2000): *Mit Kindern und Jugendlichen im Ausland, Hinweise zu Problemen und Wirkungen*. 2. Erweiterte Auflage. Bad Honnef: Institut für Interkulturelles Management.

Brislin, Richard W. (1989): Intercultural Communication Training. In: Asante, Molefi Kete/Gudykunst, William B. (Hrsg.): *Handbook of International and Intercultural Communication*. Newbury Park/London/New Delhi: Sage Publications, 441-460.

Brislin, Richard W./Pedersen, Paul (1976): *Cross-Cultural Orientation Programs*. New York: Garnder Press Inc.

Bründl, Peter (2005): Vorwort. In: Bründl, Peter/Kogan, Ilany (Hrsg.): *Kindheit Jenseits von Trauma und Fremdheit.* Frankfurt am Main: Brandes & Apsel.

Bundesamt für Statistik (2006): *Wanderungen über die Grenzen Deutschlands nach Herkunfts- bzw. Zielländern.* Wiesbaden.

Bürgin, Dieter (2005): Treibhäuser der Entwicklung. In: Bründl, Peter/Kogan, Ilany (Hrsg.): *Kindheit jenseits von Trauma und Fremdheit.* Frankfurt am Main: Brandes & Apsel, 52-81.

Cadden, Michael/Kittell, Andrew (2005): *Shrinking World, Broadening Horizons. Changes in the International Relocation in the 21st Century*, im Internet veröffentlicht unter: http://www.incengine.org/incEngine/sites/figt/informa tion/Intl_Relo_Trends.htm (Stand: 11. Juni 2006).

Cheung, Fanny Mui-ching/Culha, Meral U. (1975): A Correspondence Model of Cross-Cultural Adjustment. In: Berry, J.W./Lonner, W.J. (Hrsg.): *Applied Cross-Cultural Psychology.* Amsterdam: Swets and Zeitlinger B.V., 98-103.

Church, A. T. (1983): Sojourner adjustment. In: *Psychological Bulletin.* Washington DC.: American Psychological Association; Vol. 91, 540-572.

Cohen, Yecheskiel (2005): Frühe Entwicklung und Migrationsprozesse. In: Bründl, Peter/Kogan, Ilany (Hrsg.): *Kindheit jenseits von Trauma und Fremdheit.* Frankfurt am Main: Brandes & Apsel, 17-29.

Collier, Mary Jane (1997): Cultural Identity and Intercultural Communication. In: Samovar, Larry A./Porter, Richard. E. (Hrsg.): *Intercultural Communication. A Reader.* Belmont/Albany/Bonn: Wadsworth Publishing Company, 36-44.

Conroy, Pat (2004): Undiscovered Nation. In: Eidse, Faith/Sichel, Nina (Hrsg.): *Unrooted Childhoods. Memoirs of Growing Up Global.* Maine: Nicholas Brealey Publishing, 105-116.

ConsultUs (Expatriate Briefings and Intercultural Seminars GmbH) (Hrsg.) (o.J. a): *Andere Länder, Andere Kinder – wie bereitet man kleine Expats vor?*, im Internet veröffentlicht unter: www.consultus.net/pressroom /diplomatisches_magazin.gif (Stand: 25. Juli 2005).

ConsultUs (Expatriate Briefings and Intercultural Seminars GmbH) (Hrsg.) (o. J. b): *Erste Schritte für kleine Expats – Interkulturelle Trainings für Kinder*, im Internet veröffentlicht unter: http://www.consultus.net/pressroom/goingglobal1.PDF (Stand: 26. Juli 2005)

Cox, J. Ben (2004): The role of communication, technology, and cultural identity in repatriation adjustment. In: *International Journal of Intercultural Relations*, Vol. 28, Elsevier Ltdt., 201-219.

Debrus, Claire (1995): Die Vorbereitung von Mitarbeitern auf den Auslandseinsatz: Aus der Praxis der Henkel KGaA. In: Kühlmann, Torsten M. (b) (Hrsg): *Mitarbeiterentsendung ins Ausland. Auswahl, Vorbereitung, Betreuung und Wiedereingliederung*. Göttingen: Verlag für Angewandte Psychologie, 119-141.

Dreyer, Wilfried (1997): Interkulturelle Kompetenz. Vom Sinn und Unsinn interkulturellen Managementtrainings. In: Schimany, Peter/Seifert, M. (Hrsg.): *Globale Gesellschaft? Perspektiven der Kultur- und Sozialwissenschaften*. Frankfurt: lang, 169-193.

Dülfer, Eberhard (2001): *Internationales Management in Unterschiedlichen Kulturbereichen*. 6. Auflage. München: R. Oldenbourg Verlag.

Edwards Wertsch, Mary (1991): *Military Brats: Legacies of Childhoods Inside the Fortress*. New York: Aletheia Publications.

Edwards Wertsch, Mary (2004): Outside Looking In. In: Eidse, Faith/Sichel, Nina (Hrsg.): *Unrooted Childhoods. Memoirs of Growing Up Global*. Maine: Nicholas Brealey Publishing, 117-132.

Eidse, Faith/Sichel, Nina (Hrsg.) (2004): *Unrooted Childhoods. Memoirs of Growing Up Global*. Maine: Nicholas Brealey Publishing.

Erdheim, Mario (1993): Das Eigene und das Fremde. Über ethnische Identität. In: Jansen, Mechthild/Prokop, Ulrike (Hrsg.): *Fremdenangst und Fremdenfeindlichkeit*. Frankfurt: Stroemfeld, 163-182.

Ernst & Young GmbH (Hrsg.) (2003): *Unternehmen entsenden weniger Mitarbeiter ins Ausland* (Studie zu Auslandsentsendung vom Juni 2003), im Internet veröffentlicht unter: www.ey.com/Global/content.nsf/Germany/Presse_Pressemitteilungen_2003_Unternehmen_entsenden_weniger_Mitarbeiter (Stand: 6. Oktober 2005).

Fagetti-Spirig, Karen (2004): *Der Mythos Vom Flexiblen Kind Stimmt Nicht*, im Internet veröffentlicht unter: www.tagblatt.ch/index.jsp?ressort= archivsuche&artikel_id =908763&list=908763 (Stand: 26. Juli 2005).

Fail, Helen (1996): *Whatever becomes of international school students?* (ursprünglich erschienen in: *International Schools Journal*; 02. April 1996), im Internet veröffentlicht unter: www.brookes.ac.uk/schools/education/rescon/Whatever%20becomes%20of%20 IS&20students%20article.pdf (Stand: 11. Oktober 2005).

Featherstone, Mike (2001): Postnational Flows, Identity Formation and Cultural Space. In: Ben-Rafael, Eliezer/Sternberg, Yitzak (Hrsg.): *Identity, Culture and Globalization*. Leiden/Boston/Köln: Brill, 483-526.

Feld, Katja/Freise, Josef/Müller, Annette (Hrsg.) (2005): *Mehrkulturelle Identität im Jugendalter. Die Bedeutung des Migrationshintergrundes in der Sozialen Arbeit*. Münster: Lit Verlag.

Fend, Helmut L (1970): *Sozialisierung und Erziehung*. Weinheim/Basel: Beltz.

Flex, Walter (1917): *Der Wanderer zwischen beiden Welten. Ein Kriegserlebnis*. München: Beck.

Fredershausen, H. (2001): *Expertenrat per Internet: Antworten auf Fragen aus aller Welt*, im Internet veröffentlicht unter: www.goingglobal.de /global/03_Medien/30_Das_sagen_Medien.php (Stand: 26. Juli 2005).

Freise, Josef (2005): Aspekte der Identitätsentwicklung zugewanderter Jugendlicher: allgemeine Spannungsfelder, das Problem der Diskriminierung und Konsequenzen für die Jugendhilfe. In: Feld, Katja/Freise, Josef/et al. (Hrsg.): *Mehrkulturelle Identität im Jugendalter. Die Bedeutung des Migrationshintergrundes in der Sozialen Arbeit*. Münster: Lit Verlag, 11-30.

Friedman, Jonathan (1994): *Cultural Identity and Global Process*. London: Sage Publications.

Fritz, Jean (1987): Homesick: *My Own Story*. Santa Barbara: Cornerstone Books.

Furuiye, Atrushi (o.J.): *Kikokushijo*, im Internet veröffentlicht unter: http://www.roots-int.com/S-T/extra/glossary-c.html#kikokushijo (Stand: 27. Oktober 2005).

Gadamer, Hans-Georg (2001): *Was ist Heimat?* (ursprünglich erschienen in: *Die Welt*; 11. März 2001), im Internet veröffentlicht unter: www.heimat-in-deutschland.de/intro.html (Stand: 20. Oktober 2005).

Gavin, Jamila (1998): *Kinder Aus Aller Welt. Unsere Lieblingsgeschichten.* Bindlach: Loewe.

Glicksberg Skipper, Rebecca (o.J.): *Third Culture Kids, Growing Up Abroad Offers Advantages*, im Internet veröffentlicht unter: www.transitionsabroad.com/publications/magazine/0009/third_culture_kids_research.shtml (Stand: 21. Juli 2005).

Göller, Thomas (2000): *Kulturverstehen. Grundprobleme einer epistemologischen Theorie der Kulturalität und kulturellen Erkenntnis.* Würzburg: Verlag Königshausen & Neumann.

Gordon, Alma Daugherty (1993): *What is a TCK?*, (ursprünglich erschienen in: *Don't Pig Out on Junk Food: The MK's Guide to Surviving in the U.S.*, Evangelical Missions Information Service, 8.), im Internet veröffentlicht unter: www.tckworld.com/tckdefine.html (Stand: 10. Oktober 2005).

Gray-Block, Aaron (2003): *Is Your Child a ‚Third Culture Kid'?*, im Internet veröffentlicht unter: http://www.expatica.com/source/site_article.asp? subchannel_id=46&story_id=598&name=Is+your+child+a+'third+culture+kid'%3F (Stand: 6. Mai 2006).

Griese, Hartmut M. (2004): *Ich bin ein Wirrwarr von Kulturen – Zwiebel oder Chamäleon?*, im Internet veröffentlicht unter: www.socialnet.de/rezensionen/1446.php (Stand: 25. Juni 2005).

Greenholtz, Joe F. (2005): *Does intercultural sensitivity cross cultures? Validity issues in porting instruments across languages and cultures.* In: International Journal of Intercultural Relations, Vol. 29. Elsevier Ltd., 73-89.

Grose, Carol/Schaetti, Barbara (2002): *Mover and Shaker*, (ursprünglich erschienen in: *FOCUS News*; Januar 2002, Vol 50, 10-11) im Internet veröffentlicht unter: www.transition-dynamics.com (Stand: 9. August 2005).

Gross, Petra (1994): *Die Integration der Familie beim Auslandseinsatz von Führungskräften – Möglichkeiten und Grenzen international tätiger Unternehmen*. Hallstadt: Rosch-Buch.

Großmann, Klaus E. (1993): Universalismus und kultureller Realitivismus psychologischer Erkenntnisse. In: Thomas, Alexander (Hrsg.): *Kulturvergleichende Psychologie. Eine Einführung*. Göttingen: Hogrefe Verlag für Psychologie, 53-76.

Günther, Susanne/Heitmann, Levke/Kuckuck, Sibylla (2005): *Third Culture Kids? Auslandsentsendung mit Kindern und Jugendlichen*. Technische Universität Chemnitz, philosophische Fakultät: Lehrforschungsprojekt /Seminararbeit, im Internet veröffentlicht unter: http://archiv.tu-chemnitz.de/pub/2006/0073/data/3rdCK_050828kpl.pdf (Stand: 19. Mai 2006).

Guthrie, George M. (1975): A Behavioral Analysis of Culture Learning. In: Brislin, Richard W./Bochner, Stephen/Lonner, Walter J. (Hrsg.): *Cross-Cultural Perspectives on Learning*. New York, London: John Wiley & Sons, 95-115.

Ha, Kien Nghi (2004): *Ethnizität und Migration Reloaded. Kulturelle Identität, Differenz und Hybridität im postkolonialen Diskurs*. Berlin: wvb.

Hall, Edward T. (1990): *Silent Language*. New York: Anchor Books.

Hall, Stuart (1994): *Rassismus und kulturelle Identität*. Ausgewählte Schriften 2. Hamburg: Argument-Verlag.

Hall, Stuart (1999): Kulturelle Identität und Globalisierung. In: Hörning, Karl H./Winter, Rainer (Hrsg.): *Widerspenstige Kulturen. Cultural Studies als Herausforderung*. Frankfurt am Main: suhrkamp, 393-441.

Hall, Stuart (2002): Die Zentralität von Kultur. Anmerkungen über die kulturelle Revolution unserer Zeit. In: Hepp, Andreas/Löffelholz, Martin (Hrsg.): *Grundlagentexte zur transkulturellen Kommunikation*. Konstanz: UVK Verlagsgesellschaft mbH, 95-117.

Haluszczynski, Igor (2005): Der Beweis, dass es mich wirklich gibt. In: Bründl, Peter/Kogan, Ilany (Hrsg.): *Kindheit jenseits von Trauma und Fremdheit. Psychoanalytische Erkundungen von Migrationsschicksalen im Kindes- und Jugendalter*. Frankfurt am Main: Brandes & Apsel, 131-148,

Hamann, Christof/Sieber, Cornelia (Hrsg.) (2002): *Räume der Hybridität. Postkoloniale Konzepte in Theorie und Literatur*. Hildesheim/Zürich: Georg Olms Verlag.

Han, Byung-Chul (2005): *Hyperkulturalität. Kultur und Globalisierung*. Berlin: Merve Verlag.

Handlin, Oscar (1951): *The Uprooted. From the Old War to the New*. London: Watts & Co.

Hartmann, Telse (1999): Zwischen Lokalisierung und Deplazierung. Zur diskursiven Neuverhandlung kultureller Identitäten in den Kulturwissenschaften. In: *Germanististische Mitteilungen. Zeitschrift für deutsche Sprache, Literatur und Kultur*. Brüssel, 17-40. Im Internet veröffentlicht unter: http://www.kakanien.ac.at/beitr/theorie/T Hartmann1.pdf (Stand: 16. Februar 2006).

Hayden, Susan (o.J.): *Where in the World Do I Fit?* (MK Net: Living Apart – Growing Together, a Newsletter for MKs), im Internet veröffentlicht unter: www.tckworld.com/mknet.html (Stand: 21. Juli 2005).

Hild, Brigitte (2004 a): *30 Minuten für erfolgreiche Arbeit im Ausland*. Offenbach: GABAL Verlag GmbH.

Hild, Brigitte (2004 b): *Wie werden Entsendungen zum Erfolg?* (Families in Global Transition–Konferenz 2004), im Internet veröffentlicht unter: www.goingglobal.de/global/03_Medien/20_artikel.php (Stand: 4. August 2005).

Hild, Brigitte (2004 c): *Zurück zum Start? Wenn Expatriates zurückkehren*, im Internet veröffentlicht unter: www.goingglobal.de/global/03_Medien/20_artikel.php (Stand: 4. August 2005).

Hill Useem, Ruth (1999): *Third Culture Kids: Focus of Major Study*, im Internet veröffentlicht unter: www.iss.edu/pages/kids.html (Stand: 5. Juli 2005).

Hirsch, Klaus (1992): Reintegration von Auslandmitarbeitern. In: Bergeman, Niels/Sourisseaux, Anderas L. J. (Hrsg): *Interkulturelles Management*. Heidelberg: Physica-Verlag, 285-299.

Hoffmann, Ute (Hrsg.) (2003): *Reflexionen der kulturellen Globalisierung. Interkulturelle Begegnungen und ihre Folgen*, (als Dokumentation des Kolloquiums „Identität – Alterität – Interkulturalität" am 26./27. Mai 2003 an der TU Darmstadt) im Internet veröffentlicht unter: http://skylla.wz-berlin.de/pdf/2003/iii03-110.pdf (Stand: 10. Oktober 2005).

Hofstede, Geert (1992): Die Bedeutung von Kultur u ihren Dimensionen im Internationalen Management. In: Kumar, Brij Nino/Haussmann, Helmut (Hrsg.): *Handbuch der Internationalen Unternehmenstätigkeit. Erfolgs- und Risikofaktoren – Märkte – Export-, Kooperations- und Niederlassungs-Management*. München: C.H. Beck'sche Verlagsbuchhandlung, 304–324.

Hofstede, Geert (1993): *Interkulturelle Zusammenarbeit. Kulturen – Organisationen – Management*. Wiesbaden: Gabler.

Hofstede, Geert (2004): Business Cultures. In: Jandt, Fred. E. (Hrsg): *Intercultural Communication. A Global Reader*. London/New Delhi: Sage Publications, 8-12.

Hofstede, Gert Jan/Pedersen, Paul B./Hofstede, Geert (2002): *Exploring Culture. Exercises, Stories and Synthetic Cultures*. Yarmouth: Intercultural Press Inc.

Holmstrom, David (1998): *Strangers in Their Own Land: How Americans raised abroad adjust to returning to their own culture*, (ursprünglich erschienen in *The Christian Science Monitor*; 10. November 1998) im Internet veröffentlicht unter: http://csmonitor.com/cgi-bin/durableRedirect.pl?/durable/1998/11/10/fp14s1-csm.shtml) (Stand: 21. Juli 2005).

Institut für Interkulturelles Management GmbH (IFIM) (Hrsg.) (o.J. a): *Die Entwicklung Interkultureller Trainings in Deutschland*, im Internet veröffentlicht unter: www.ifim.de/reports/entwicklung.pdf (Stand: 4. Dezember 2005).

Institut für Interkulturelles Management GmbH (IFIM) (Hrsg.) (o.J. b): *Interkulturelle Trainingsmethoden*, im Internet veröffentlicht unter: www.ifim.de/reports/methoden.pdf (Stand: 4. November 2005).

Institut für Interkulturelles Management GmbH (IFIM) (Hrsg.) (o.J. c): *Was ist ein Reentry-Schock? Was versteht man eigentlich unter Reintegration?*, im Internet veröffentlicht unter: http://www.ifim.de/foliensets/reentry/reentry.htm (Stand: 6. Oktober 2005).

Institut für Interkulturelles Management GmbH (IFIM) (Hrsg.) (2000): *Wie wirken Auslandsaufenthalte auf Kinder? Worauf sollte man achten?*, im Internet veröffentlicht unter: http://www.ifim.de/faq/index.htm (Stand: 6. Oktober 2005).

Institut für Interkulturelles Management GmbH (IFIM) (Hrsg.) (2002 a): *Kinder aufs Ausland vorbereiten*, im Internet veröffentlicht unter: www.ifim.de/aktuell/pr-service/PR03-02.pdf (Stand: 26. Juli 2005)

Institut für Interkulturelles Management GmbH (IFIM) (Hrsg.) (2002 b): *Rückkehrer als Stiefkinder?*, im Internet veröffentlicht unter: www.ifim.de/aktuell/pr-service/PR2-02.pdf 6. (Stand: 26. Juli 2005).

Institut für Interkulturelles Management GmbH (IFIM) (Hrsg.) (2005 a): *Auslandsvorbereitung: Die Mitausreisenden nicht vergessen!*, im Internet veröffentlicht am 14. Oktober 2005 unter: www.ifim.de/aktuell/news/index.htm (Stand: 4. Dezember 2005).

Institut für Interkulturelles Management GmbH (IFIM) (Hrsg.) (2005 b): *Kann interkulturelle Auslandsvorbereitung ‚Kulturschock' verhindern?*, im Internet am 09. November 2005 veröffentlicht unter: www.ifim.de/aktuell/news/index.htm (Stand: 4. Dezember 2005).

Institut für Interkulturelles Management GmbH (IFIM) (Hrsg.) (2005 c): *Leben und Arbeiten im Ausland – Neueste Befragungsergebnisse*, im Internet veröffentlicht unter: www.ifim.de/folientsets/expats_05/expats/s0001.htm (Stand: 6. Oktober 2005).

Institut für Kulturpolitik der Kulturpolitischen Gesellschaft (Hrsg.) (2004): *Globalisierung, Migration und Identität. Aufgaben und Möglichkeiten kultureller Bildung in kulturell heterogenen Gesellschaften und Zeiten kultureller Globalisierung*. Bonn; im Internet veröffentlicht unter: www.kupoge.de/kulturorte/global.pdf (Stand: 3. Januar 2006)

Isogai, Tomoko Yoshida/Hayashi, Yuko/Uno, Mayumi (1999): Identity Issues and Reentry Training. In: *International Journal of Intercultural Relations*. Vol. 23. Elsevier Ltd., 493-525.

James, Susan/Hunsley, John/et al. (2004): Marital, psychological, and sociocultural aspects of sojourner adjustment: expanding the field of enquiry. In: *International Journal of Intercultural Relations*, Vol. 28, 2004. Elsevier Ltd., 111-126.

Jurt, Joseph (2004): Pierre Bourdieu (1930-2002). Eine Soziologie der symbolischen Güter. In: Hofmann, Martin Ludwig/Korta, Tobias/ Kiekisch, Sybille (Hrsg.) *Culture Club. Klassiker der Kulturtheorie.* Frankfurt am Main: Suhrkamp. 204-219.

Kalb, Rosalind/Welch, Penelope (1992): *Moving Your Family Overseas.* Yarmouth:Intercultural Press Inc..

Kainzbauer, Astrid (2002): *Kultur im Interkulturellen Training. Der Einfluß von Kulturellen Unterschieden in Lehr- und Lernprozessen an den Beispielen Deutschland und Großbritannien.* Frankfurt am Main: IKO Verlag für Interkulturelle Kommunikation.

Kalscheuer, Britta (2005): Die Widerspenstigkeit von Transdifferenz: In: Merz-Benz, Peter-Ulrich/Wagner, Gerhard (Hrsg.): *Kultur in Zeiten der Globalisierung. Neue Aspekte einer soziologischen Kategorie.* Frankfurt am Main: Humantities Stand:, 69-92.

Kelly, George (1955): A Theory of Personality: the Psychology of Personal Constructs. New York: W.W. Norton & Co.

Kerr, Andrew/Kerr, Deborah (o.J.): *You Know You're an MK When...* im Internet veröffentlicht unter: http://members.kcStand:.com/kerr/ mk.htm (Stand: 21. Juli 2005).

Kerr, Andrew/Kerr, Deborah (1996): *Third Culture Kids (TCK),* im Internet veröffentlicht unter: www.deutsche-in-neuseeland.de/verschiedenes/040812_tck.htm (Stand: 21. Juli 2005).

Kidd, Julie K./Lankenau, Linda (2003): *Third Culture Kids: Returning to their Passport Country,* im Internet veröffentlicht unter: www.state.gov/m/dghr/flo/rsrcs/pubs/4597.htm (Stand: 4. Juli. 2005).

Kim, Young Yun (1989): Intercultural Adaptation. In: Asante, Molefi Kete/ Gudykunst, William B. (Hrsg.): *Handbook of International and Intercultural Communication.* Newbury Park/London/New Delhi: Sage Publications, 275-294.

Kim, Young Yun (1997): Adapting to a New Culture. In: Samovar, Larry A./ Porter, Richard. E. (Hrsg.): *Intercultural Communication. A Reader.* Belmont/Albany/Bonn: Wadsworth Publishing Company, 404-416.

Kind, Vera (2005) Adoleszenz und Migration - eine verdoppelte Transformationsanforderung. In: Bründl, Peter/Kogan, Ilany (Hrsg.): *Kindheit jenseits von Trauma und Fremdheit*. Frankfurt am Main: Brandes & Apsel, 30-51.

Kley, Antje (2002): "Beyond Control, But Not Beyond Accommodation": Anmerkungen zu Homi K. Bhabhas Unterscheidung zwischen Cultural Diversity und Cultural Difference. In: Hamann, Christof/Sieber, Cornelia (Hrsg.): *Räume der Hybridität. Postkoloniale Konzepte in Theorie und Literatur*. Hildesheim/Zürich: Georg Olms Verlag, 53–66.

Kluver, Randy (2004): Globalization, Information, and Intercultural Communication. In: Jandt, Fred. E. (Hrsg): *Intercultural Communication. A Global Reader*. London/New Delhi: Sage Publications, 425-438.

Kohls, Robert L. (2001): *Survival Kit for Overseas Living – For Americans planning to live and work abroad*. Yarmouth, Maine: Intercultural Press, Inc.

Krewer, Bernd (1996): Kulturstandards als Mittel der Selbst- und Fremdreflexion in interkulturellen Begegnungen. In: Thomas, Alexander (Hrsg.): *Psychologie interkulturellen Handelns*. Göttingen/Bern: Hogrefe, 147-164.

Kröher, Michael (2001): *Heimkehr in die Fremde*, im Internet veröffentlicht unter: www.goingglobal.de/global/03_Medien/30_Das_sagen _Medien.php (Stand: 26. Juli 2005).

Kuegler, Sabine (2005 a): *Dschungelkind*. München: Droemer Verlag.

Kuegler, Sabine (2005 b): *Leben zwischen zwei Kulturen*, im Internet veröffentlich unter: www.dschungelkind.de/dschungelkind/start.html (Stand: 20. Oktober 2005).

Kühlmann, Torsten M. (1995 a): Die Auslandsentsendung von Fach- und Führungskräften: Eine Einführung in die Schwerpunkte und Ergebnisse der Forschung. In: (ebd.) (Hrsg): *Mitarbeiterentsendung ins Ausland. Auswahl, Vorbereitung, Betreuung und Wiedereingliederung*. Göttingen: Verlag für Angewandte Psychologie, 1-30.

Kühlmann, Torsten M. (Hrsg) (1995 b): *Mitarbeiterentsendung ins Ausland. Auswahl, Vorbereitung, Betreuung und Wiedereingliederung*. Göttingen: Verlag für Angewandte Psychologie.

Kühlmann, Torsten M./Stahl, Günter K. (1995): Die Wiedereingliederung von Mitarbeitern nach einem Auslandseinsatz: Wissenschaftliche Grundlagen. In: Kühlmann, Torsten M. (b) (Hrsg): *Mitarbeiterentsendung ins Ausland. Auswahl, Vorbereitung, Betreuung und Wiedereingliederung*. Göttingen: Verlag für Angewandte Psychologie, 177-215.

Jaksche, Elisabeth/Hoffmann, Edwin (1998): Culture Don't Meet, People Do. Ein systemtheoretischer Ansatz zu interkultureller Kommunikation. In: Eichelberger, Harald/Furch, Elisabeth (Hrsg.): *Kulturen Sprachen Welten. Die Herausforderung (Inter)-Kulturalität*. Innsbruck: StudienVerlag, 117-142.

Lang, Gretchen (2002): *At Home Abroad/Third Culture Kids: Often More Accomplished Sometimes More Troubled*, (ursprünglich erschienen in *International Herald Tribune* am 26. Oktober 2002); im Internet veröffentlicht unter: http://www.iht.com/articles/2002/10/26/rreturn_ ed3_php (Stand: 16. Juli 2006).

Lambiri, Vicky (2005): *TCKs Come Of Age*, im Internet (im März 2005) veröffentlicht unter: www.consultus.net/pressroom/TCKsComeOfAge _VickiLambiri.pdf (Stand: 26. Juli 2005).

Laviziano, Alexander (2005): Ethnologie und Interkulturelle Kommunikation. In: Sökefeld, Martin (Hrsg.): *Ethnologie und Interkulturelle Kommunikation*. Hamburg: Institut für Ethnologie der Universität Hamburg. Jahrgang 7, Heft 1. Ethnoscripts, 6-32.

Leenen, Wolf Rainer/Grosch, Harald (1998): Bausteine zur Grundlegung interkulturellen Lernens. In: Bundeszentrale für politische Bildung (Hrsg.): Arbeitshilfen für die politische Bildung, *Interkulturelles Lernen*, Bonn: 29-47.

Lievens, Filip/Harris, Michael/et al. (2003): *Predicting Cross-Cultural Training Performance: The Validity of Personality, Cognitive Ability, and Dimensions Measured by an Assessment Center and a Behavior Description Interview* (ursprünglich erschienen in: *Journal of Applied Psychology*; Vol. 88, 476-489), im Internet erschienen unter: http://users.ugent.be/~flievens/cct.pdf
(Stand: 4. Dezember 2005).

Loycke, Almut (1992): *Der Gast, der Bleibt. Dimensionen von Georg Simmels Analyse des Fremdseins*. Frankfurt/New York: Campus Verlag.

Lütterfelds, Wilhelm/Mohrs, Thomas/Salehi, Djavid (2004) (Hrsg.): *Die Welt ist meine Welt: Globalisierung als Bedrohung für kulturelle Identität*. Frankfurt am Main: Peter Lang.

MacGregor, Cynthia (1996): *„Why Do We Have To Move?" Helping Your Child Adjust – With Love and Illustrations*. New Jersery: Carol Publishing Group.

Makropoulos, Michael (2004): Robert Ezra Park (1864-1944). Modernität zwischen Urbanität und Grenzidentität. In: Hofmann, Martin Ludwig/Korta, Tobias/et al. (Hrsg.) *Culture Club. Klassiker der Kulturtheorie*. Frankfurt am Main: Suhrkamp. 48-66.

Maletzke, Gerhard (1996): *Interkulturelle Kommunikation. Zur Interaktion zwischen Menschen verschiedener Kulturen*. Opladen: Westdeutscher Verlag.

Matsumoto, David/LeRoux, Jeffery A./Bernhard, Roberta et al. (2004): Unravelling the psychological adjustment potential. In: *International Journal of Intercultural Relations*, Vol. 28; Elsevier Ltd., 281-309.

McCaig, Norma (o.J.): *TCK Workshop*, im Internet veröffentlicht unter: www.lclark.edu/dept/iso/tck_articles.html (Stand: 27. Oktober 2005).

McCaig, Norma (1994): *Growing Up with a World View. Nomad Children Develop Multicultural Skills*, (ursprünglich erschienen in *Foreign Service Journal* im September 1994, 32-41), im Internet veröffentlicht unter: http://www.kaiku.com/nomads.html (Stand: 16. Juli 2006).

McCaig, Norma (2001): *Exploring the ISKCON Childhood Experience*, im Internet veröffentlicht unter: http://www.iskcon.com/icj/9_1/mccaig. html (Stand: 6. Mai 2006).

McKillop-Ostrom, Anne (2000): *Transition in International Schools*, Master thesis an der University of Bath; im Internet veröffentlicht unter: www.bath.ac.uk/ceic/archive/12mckillop, sowie unter: www.education. monash.edu.au/units/edf6702/study_centre/newpdf/module2_notes.pdf (Stand: 30. Oktober 2005).

Mead, George Herbert (2000): *Mind, self, and society: From the Standpoint of a Social Behaviorist*. Chicago: University of Chicago Press.

Milstein, Tema (2005): Transforming abroad: Sojourning and the perceived enhancement of self-efficacy. In: *International Journal of Intercultural Relations*, Vol. 29. Elsevier Ltd., 217-238.

Miyamoto, Yumi/Kuhlman, Natalie (2001): Ameliorating culture shock in Japanese expatriate children transition. In: *International Journal of Intercultural Relations*, Vol. 25. Elsevier Ltd., 21-40.

Morton, Sophia (2003): Lass uns eine Welt besitzen. In: Pollock, David/ Reken Van, Ruth/Pflüger, Georg (Hrsg.): *Third Culture Kids. Aufwachsen in mehreren Kulturen*. Marburg: Verlag der Francke-Buchhandlung, 347-353.

Müller-Jacquier, Bernd (1999): *Interkulturelle Kommunikation und Fremdsprachendidaktik. Studienbrief Kulturwissenschaft*. Koblenz: Universität Koblenz-Landau.

Nathanson, Judith Zetzel/Marcenko, Maureen (1995): Young adolescents' adjustment to the experience of relocating overseas. In: *International Journal of Intercultural Relations*, Vol. 19, Elsevier Ltd., 413-424.

Navara, Geoffrey S./James, Susan (2005): Acculturative stress of missionaries: Does religious orientation affect religious coping and adjustment? In: *International Journal of Intercultural Relations*, Vol. 29. Elsevier Ltd., 39–58.

Nünning, Ansgar/Nünning, Vera (2003): Kulturwissenschaften: Eine multi-perspektivische Einführung in einen interdisziplinären Diskussions-zusammenhang. In: Nünning, Ansgar/Nünning, Vera (Hrsg.): *Konzepte der Kulturwissenschaften*. Stuttgart, Weimar: J.B. Metzler Verlag, 1-18.

Oldekop, Astrid (2001): *Expat und hopp?*, (ursprünglich erschienen in: *Handelsblatt Junge Karriere*, 01. Juni 2001), im Internet veröffentlicht unter: http://www.jungekarriere.com/psjuka/fn/juka/SH/0/sfn /cn:artikel_print/bt/1/page1/PA (vom 01. Juni 2001) (Stand: 4. August 2005).

Otte, Sandra (2004): *Das Leben abroad*, im Internet veröffentlicht unter: www.goingglobal.de (Stand: 4. August 2005).

Paige, Michael R./Jacobs-Cassuto, Melody/Yershova, Yelena A., et al. (2003): Assessing intercultural sensitivity: an empirical analysis of the Hammer and Bennett Intercultural Development Inventory. In: *International Journal of Intercultural Relations*. Vol. 27. Elsevier Ltd., 467–486.

Park, Robert (1969): Human Migration and the Marginal Man. In: Sennett, Richard (Hrsg.): *Classic Essays On The Culture of Cities*. New York: Meredith Corporation; 131-142.

Pinzer, Birgit (2000): *Warum in der Heimat weilen*, im Internet veröffentlicht unter: www.goingglobal.de/global/obenundmein.php?wert=%2Fglobal %2FO3_Medien%2FDas_sagen_die_Medien%2F (Stand: 4. August 2005).

Pollak, Lindsey (2004): *Third-Culture Kids – For girls living between two cultures, Girl Scouts helps bridge the gap*, im Internet veröffentlicht unter: www.girlscouts.org/for_adults/leader_magazine/2004_winter /third_culture_kids.asp (Stand: 21. Juli 2005).

Pollock, David/Reken Van, Ruth (1999): *The Third Culture Kid Experience: Growing Up Among Worlds*, im Internet veröffentlicht unter: http://www.expatexpert.com/living_abroad/tckreview.php (Stand: 21. Juli 2005).

Pollock, David/Reken Van, Ruth/Pflüger, Georg (Hrsg.) (2003): *Third Culture Kids. Aufwachsen in mehreren Kulturen*. Marburg: Verlag der Francke-Buchhandlung.

Pruegger, Valerie J./Rogers, Tim B. (1994): Cross-Cultural Sensitivity Training: Methods and Assessment. In: *International Journal of Intercultural Relations*, Vol 18, Elsevier Ltd., 369-387.

Rader, Debra/Harris Sittig, Linda (2003): *New Kid in School: Using Literature to Help Children in Transition*. Teachers College Press.

Rampas, Martina (2004): *Kinder, total global - Babyspeck und Bonusmeilen*. Spiegel Stand:, im Internet (am 11. August 2004) veröffentlicht unter: http://www.spiegel.de/unispiegel/wunderbar/0,1518,312705,00.html (Stand: 18. Juni 2006).

Ramsey, Sheila J./Schaetti, Barbara (1999 a): *Reentry: Coming ‚Home' to the Unfamiliar - Repatriates may feel like strangers in a strange land* (ursprünglich erschienen in: *Mobility*; Employee Relocation Council; November 1999), im Internet veröffentlicht unter: www.transition-dynamics.com (Stand: 9. August 2005).

Ramsey, Sheila J./Schaetti, Barbara (1999 b): *The Expatriate Family: Practicing Practical Leadership* (ursprünglich erschienen in: *Mobility*; Employee Relocation Council; Mai 1999), im Internet veröffentlicht unter: www.transition-dynamics.com/expatfamily.html (Stand: 9. August 2005).

Ramsey, Sheila J./Schaetti, Barbara (1999 c): *The Global Nomad Experience –Living in Liminality* (ursprünglich erschienen in: *Mobility*; Employee Relocation Council; September 1999), im Internet veröffentlicht unter: www.transition-dynamics.com (Stand: 9. August 2005).

Reken Van, Ruth (o.J.): *Understanding Third Culture Kids as Prototype Citizens of an Internationalizing World*, im Internet veröffentlicht unter: www.ouka.fi/efa/pdf/dialogue/Mayorsfunction.pdf (Stand: 15. Juli 2006).

Rogers, Joy/Ward, Colleen (1993): Expectation-Experience Discrepancies And Psychological Adjustment During Cross-Cultural Reentry. In: *International Journal of Intercultural Relations*, Vol. 17, Elsevier Ltd., 185-196.

Roman, Beverly D. (1993): *Concerns for Children*, im Internet veröffentlicht unter: www.tckworld.com/brch5.html (Stand: 21. Juli 2005).

Roman, Beverly D. (2004): *Interview with Dr. David Pollock, Director Interaction International Inc.*, (ursprünglich erschienen in: *Relocation Today*, Vol. 5, No. 6, 2004), im Internet veröffentlicht unter: http://www.incengine.org/incEngine/sites/figt/information/pollock_interview_br.htm (Stand: 11. Juni 2006).

Roman, Beverly D. (2005): *Footsteps Around the World. Relocation Tips For Teens*. Wilmington: BR Anchor Publishing.

Roman, Beverly D. (2006): *Let's Move Overseas*. Wilmington: BR Anchor Publishing.

Rotmann, Michael (1973): Latenzzeit und Adoleszenz in psychoanalytischer Sicht. In: Ohlmeier, Dieter (Hrsg.): *Psychoanalytische Entwicklungspsychologie*. Freiburg: Rombach; 85-106.

Roth, Juliane/Roth, Klaus (2001): Interkulturelle Kommunikation. In: Bredlinich, Rolf W. (Hrsg.): *Grundriss der Volkskunde*. Berlin: Reimer, 1-25.

Rutherford, Jonathan (1990): Interview with Homi Bhabha: The Third Space. In: (ebd.) (Hrsg.): *Identity, Community, Culture, Difference*. London: Lawrence & Wishart; 207-212.

Sandhaas, Bernd (1988): *Die Entwicklung interkultureller Kompetenz als ein zentrales Ziel globalen Lehrens und Lernens*, (Institut für interkulturelle Didaktik) im Internet veröffentlicht unter: www.ikud.de/iikdiaps3-96.htm (Stand: 4. Dezember 2005).

Savage Plueddemann, Carol (o.J.): *Don't Pig Out On Junk Food. The MK's Guide to Survival in the U.S. – a Review, (MK Net: Living Apart – Growing Together, a Newsletter for MKs)*, im Internet veröffentlicht unter: www.tckworld.com/mknet.html (Stand: 21. Juli 2005).

Savicki, Victor/Downing-Burnette, Rick/et al. (2004): Contrast, changes, and correlates in actual and potential intercultural adjustment. In: *International Journal of Intercultural Relations*, Vol. 28, Elsevier Ltd., 311-329.

Schaetti, Barbara (o.J. a): *Families on the Move: Working Together to Meet the Challenge*, im Internet veröffentlicht unter: www.worldweave.com/procon.htm#anchor5220878 sowie unter: www.transition-dynamics.com (Stand: 6. Oktober 2005).

Schaetti, Barbara (o.J. b): *Phoenix Rising: A Question of Cultural Identity*, im Internet veröffentlicht unter: www.transition-dynamics.com (Stand: 9. August 2005).

Schaetti, Barbara (o.J. c): *Who is a global nomad?*, im Internet veröffentlicht unter: www.worldweave.com/procon.htm#anchor5220878 (Stand: 6. Oktober 2005).

Schaetti, Barbara (1996): *Transition Programming in International Schools: An Emergent Mandate* (ursprünglich erschienen in: *Inter-Ed/Association for the Advancement of International Education*), im Internet veröffentlicht unter: www.transition-dynamics.com/transprogram.html (Stand: 9. August 2005).

Schaetti, Barbara (1998): *Transitions Resource Teams: A Good Answer to an Important Question* (ursprünglich erschienen in: *International Schools Journal*, Volume VXII, No 2.; April 1998), im Internet veröffentlicht unter: www.transition-dynamics.com/trteams.html (Stand: 9. August 2005).

Schaetti, Barbara (2004): *Global Nomad, Third Culture Kid, Adult Third Culture Kid, Third Culture Adult: What Do They All Mean?*, im Internet veröffentlicht unter: http://www.iincengine.org/incEngine/sites/figt/information/gn-tck-atck-schaetti. htm (Stand 22. Juni 2006).

Schmitz, Lilo (o.J.): *Transkulturalität der Studierenden als Ressource im Studium der Sozialen Arbeit*, im Internet veröffentlicht unter: http://www.liloschmitz.de/Media/Transkulturalit%E4t_der_Studierend en.pdf (Stand 20. August 2006).

Schröder, Annette (1995): Die Betreuung von Mitarbeitern während des Auslandseinsatzes: Wissenschaftliche Grundlagen. In: Kühlmann, Torsten M. (b) (Hrsg): *Mitarbeiterentsendung ins Ausland. Auswahl, Vorbereitung, Betreuung und Wiedereingliederung*. Göttingen: Verlag für Angewandte Psychologie, 143-160.

Schröder-Kühn, Heidrun/Richter, Marlene (2004): *KulturSchock. Familienmanagement im Ausland*. Bielefeld: Reise Know-How Verlag Peter Rump GmbH.

Schroll-Machl, Sylvia (1999): Länderkundliche/völkerkundliche Seminare. Bildungsziele und Programmodule. In: Hahn, Heinz (Hrsg.): *Kulturunterschiede. Interdisziplinäre Konzepte zu kollektiven Identitäten und Mentalitäten*. Band 3. Frankfurt: IKO Verlag für Interkulturelle Kommunikation, 341-371.

Schütz, Alfred (2002 a): Der Fremde. Ein Sozialpsychologischer Versuch. In: Merz-Benz, Peter Ulrich (Hrsg.): *Der Fremde als sozialer Typus*. Konstanz: UVK; 73-92.

Schütz, Alfred (2002 b): Der Heimkehrer. In: Merz-Benz, Peter Ulrich (Hrsg.): *Der Fremde als sozialer Typus*. Konstanz: UVK; 93-110.

Sellmair, Nikola (2004): *Heute hier, morgen fort*, (ursprünglich erschienen in: *Stern*, 03. Juni 2004), im Internet veröffentlicht unter: http://www.stern.de/campuskarriere/karriere/index.html?id=524787&nv=ct_cb (Stand: 4. August 2005).

Sichel, Nina (2004): Going Home. In: Eidse, Faith/Sichel, Nina (2004) (Hrsg.): *Unrooted Childhoods. Memoirs of Growing Up Global*. Maine: Nicholas Brealey Publishing, 184-198.

Simmel, Georg (1992): Der Gast, der bleibt. Analyse des Fremdsein. In: Loycke, Almut (Hrsg.). *Der Gast, Der Bleibt. Dimensionen von Georg Simmels Analyse des Fremdsein.* Frankfurt/New York: Campus Verlag, 4-16.

Simmel, Georg (2002): Exkurs über den Fremden. In: Merz-Benz, Peter Ulrich (Hrsg.): *Der Fremde als sozialer Typus.* Konstanz: UVK; 47-71.

Singer, Mona (1997): *Fremd.Bestimmung. Zur kulturellen Verortung von Identität.* Tübingen: Ed.diskord.

Smith, Shelly L. (1998): Identity and intercultural communication competence in reentry. In: Martin, Judith N./Nakayama, Thomas K./ Flores, Lisa A. (Hrsg.): *Readings in Cultural Contexts.* Mountain View: Mayfield Press, 304-314.

Stadler, Peter (1994): *Globales und interkulturelles Lernen in Verbindung mit Auslandsaufenthalten. Ein Bildungskonzept.* Saarbrücken: Verlag für Entwicklungspolitik Breitenbach GmbH.

Stahl, Günter K. (1995): Die Auswahl von Mitarbeitern für den Auslandseinsatz: Wissenschaftliche Grundlagen. In: Kühlmann, Torsten M. (b) (Hrsg): *Mitarbeiterentsendung ins Ausland. Auswahl, Vorbereitung, Betreuung und Wiedereingliederung.* Göttingen: Verlag für Angewandte Psychologie, 31-72.

Storti, Craig (2003): *The Art of Coming Home.* Yarmouth: Intercultural Press Inc..

Straffon, David A. (2003): Assessing the intercultural sensitivity of high school students attending an international school. In: *International Journal of Intercultural Relations,* Vol. 27. Elsevier Ltd., 487–503.

Stubbe, Hannes (2005): *Lexikon der Ethnopsychologie und Transkulturellen Psychologie.* Frankfurt am Main: IKO- Verlag für Interkulturelle Kommunikation.

Sussmann, Nan M. (2002): Testing the cultural identity model of the cultural transition cycle: sojournes return home. In: *International Journal of Intercultural Relations,* Vol.26. Elsevier Ltd., 391-409.

Schweizer, Marion (Hrsg.) (2002): *United Kids. Spiel- und Aktionsbuch. Eine Welt.* Berlin: Elefanten Press.

Swol-Ulbrich van, Hilly (o.J. a): *Coming in from the cold,* im Internet veröffentlicht unter: www.consultus.net/pressroom/Coming_in_from_the_cold.pdf (Stand: 26. Juli 2005).

Swol-Ulbrich van, Hilly (o.J. b): *Transitioning Children Abroad*. Im Internet veröffentlicht unter: www.consultus.net/pressglobality_strategies_ 040227 (Stand: 26. Juli 2005).

Swol-Ulbrich van, Hilly/Kaltenhäuser, Bettina (2002): *Andere Länder, Andere Kinder. Der Auslandsumzug mit Ori*. Frankfurt: VAS-Verlag.

Thomas, Alexander (1993): Psychologie interkulturellen Lernens und Handelns. In: Thomas, Alexander (Hrsg.): *Kulturvergleichende Psychologie. Eine Einführung*. Göttingen: Hogrefe Verlag für Psychologie, 377–420.

Thomas, Alexander (1995): Die Voraussetzung von Mitarbeitern für den Auslandseinsatz: Wissenschaftliche Grundlagen. In: Kühlmann, Torsten M. (b) (Hrsg): *Mitarbeiterentsendung ins Ausland. Auswahl, Vorbereitung, Betreuung und Wiedereingliederung*. Göttingen: Verlag für Angewandte Psychologie, 85-118.

Thomas, Alexander (2004): Die Welt ist meine Welt, aber doch nicht ganz so richtig – psychologische Aspekte im Kontakt kultureller Identität. In: Lütterfelds, Wilhelm/Mohr, Thomas/Salehi Djavid (Hrsg.): *Die Welt ist meine Welt: Globalisierung als Bedrohung für kulturelle Identität*. Frankfurt am Main: Peter Lang, 129-146.

Thomas, Alexander/Hagemann, Katja (1992): Training interkultureller Kompetenz. In: Bergeman, Niels/Sourisseaux Anderas L. J. (Hrsg.): *Interkulturelles and Management*. Heidelberg: Physica-Verlag, 173-200.

Ting-Toomey, Stella (1989): Identity and Interpersonal Bonding. In: Asante, Molefi Kete/Gudykunst, William B. (Hrsg.): *Handbook of International and Intercultural Communication*. Newbury Park/London/New Delhi: Sage Publications, 351-373.

Toro de, Alfonso (2002): Materialien zu einem Modell der Hybridität. In: Hamann, Christof/Sieber, Cornelia (Hrsg.): *Räume der Hybridität. Postkoloniale Konzepte in Theorie und Literatur*. Hildesheim/Zürich: Georg Olms Verlag, S. 15-52.

Triandis, Harry C. (1975): Subjective Culture and Interpersonal Behavior. In: Berry, J.W./Lonner, W.J. (Hrsg.): *Applied Cross-Cultural Psychology*. Amsterdam: Swets and Zeitlinger B.V., 92-97.

Treibel, Annette (2003): *Migration in modernen Gesellschaften. Soziale folgen von Einwanderung, Gastarbeit und Flucht*. Weinheim/München: Juventa Verlag.

Trommsdorf, Gisela (2000): Internationale Kultur? Kulturpsychologische Aspekte der Globalisierung. In: Gogolin, Ingrid/Nauck, Bernhard (Hrsg.): *Migration, gesellschaftliche Differenzierung und Bildung. Resultute des Forschungsschwerpunktprogramms FABER*. Opladen: Leske + Budrich, 378-414.

Tunberg, Heidi (o.J.): *Understanding Third-Culture Kids*, im Internet veröffentlicht unter: www.educatingourkids.org/Understanding_TCKs.htm (Stand: 21. Juli 2005).

Tung, R.L. (1981): Selection and Training of Personnel for Overseas Assignments. In: *Columbia Journal of World Business*, Nr. 16; Oxford: Pergamon Press, 68-78.

Turner, Victor (1989): *Vom Ritual zum Theater. Der Ernst des menschlichen Spiels*. Frankfurt am Main: Campus.

Unterholzner, David (2003): *Zum Begriff der „Transkulturalität" bei Wolfgang Welsch*, im Internet veröffentlicht unter: http://homepage.univie.ac.at/Franz.Martin.Wimmer/stud-arbeiten/se0304arbunterholz ner .pdf (Stand: 13. Januar 2006).

Valsiner, Jaan (1989) (Hrsg): *Child Development in Cultural Context*. Toronto, Lewiston: Hogrefe and Huber Publishers.

Voigtländer, Maud (2002): *Repatriierung von Führungskräften*. (Seminararbeit Personalwirtschaft – Universität Leipzig), im Internet veröffentlicht unter: www.hausarbeiten.de/faecher/vorschau/7188.html (Stand: 15. September 2005).

Wagner, Michael (1989): *Räumliche Mobilität im Lebensverlauf. Eine empirische Untersuchung sozialer Bedingungen der Migration*. Stuttgart: Enke.

Ward, Ted (1984): *Living Overseas: A Book of Preparations*. New York: Free Press.

Ward, Ted (1989): The MKs Advantage: Three Cultural Contexts. In: Echerd, Pam/Arathoon, Alice (Hrsg.): *Understanding and Nurturing the Missionary Family*. Pasadena: William Carey Library; 49-61.

Waxin, Marie France (2004): Expatriates' interaction adjustment: the direct and moderator effects of culture of origin. In: *International Journal of Intercultural Relations*, Vol. 28, Elsevier Ltd., 61-79.

Weiner, Sandy (2003): *An asset overlooked – International workers need more Support*, (ursprünglich erschienen in: *Frankfurter Allgemeine Zeitung*, 24. Oktober 2003), im Internet veröffentlicht unter: www.faz.com/IN/INtemplates/eFAZ/archive.asp?doc={EFAB5304-81B7-4F25-B033-341A6110EDA8} (Stand: 6. Juli 2005).

Weiss, Florence (1993): Von der Schwierigkeit über Kinder zu forschen. Die Iatmul in Papua-Neuguinea. In: Loo, Marie-José van de/Reihnart, Margarete (Hrsg.): *Kinder. Ethnologische Forschungen in fünf Kontinenten.* München: Trickster Verlag; 96-153.

Welsch, Wolfgang (1995): Transkulturalität. Zur veränderten Verfaßtheit heutiger Kulturen. In: Institut für Auslandsbeziehungen (Hrgs.): *Migration und Kultureller Wandel.* Schwerpunktthema der Zeitschrift für Kulturaustausch. Vol. 1/45, Stuttgart, 39-44; im Internet veröffentlicht unter: http://www.forum-interkultur.net/fileadmin/user_upload/pdf (Stand 21. Juni 2006).

Welsch, Wolfgang (2002): *Im Netzdesign der Kulturen.* In: *Zeitschrift für Kulturaustausch.* Vol. 1, Stuttgart; im Internet veröffentlicht unter: http://www.ifa.de/zfk/themen/02_1_islam/dwelsch.htm (Stand: 13. August 2006).

Welsch, Wolfgang (2005): Transkulturelle Gesellschaften. In: Merz-Benz, Peter-Ulrich/Wagner, Gerhard (Hrsg.): *Kultur in Zeiten der Globalisierung. Neue Aspekte einer soziologischen Kategorie.* Frankfurt am Main: Humantities Stand; 39-68.

Wierlacher, Alois/Albrecht, Corinna (2003): Kulturwissenschaftliche Xenologie. In: Nünning, Ansgar/Nünning, Vera (Hrsg.): *Konzepte der Kulturwissenschaften.* Stuttgart, Weimar: J.B. Metzler Verlag, 280-306.

Wild, Beatrix (2000): Wie psychodramatisch verfahren an der Universität? Mit Praxisbeispielen aus der LehrerInnenausbildung. In: Wittinger, Thomas (Hrsg.): *Psychodrama in der Bildungsarbeit.* Mainz: Matthias-Grünewald-Verlag, 64-87.

Winter, Gerhard (1994): Trainingskonzepte auf dem Prüfstand: Theoriebezug, Ethik, Evaluation. In: Klein, Nikolaus (Hrsg.): *Interkulturelle Kommunikation und Interkulturelles Training. Problemanalysen und Problemlösungen.* Nr. 33. Bad Boll: Institut für Auslandsbeziehungen Stuttgart, 42-54 (Ergebnisse einer Arbeitstagung. Veranstaltet von der Evangelischen Akademie. 29. bis 31. Januar 1993).

Winter, Gerhard (1996): Reintegrationsproblematik: Vom Heimkehren in die Fremde und von Wiedererlernen des Vertrauten. In: Thomas, Alexander (Hrsg.): *Psychologie interkulturellen Handelns*. Göttingen/Bern: Hogrefe, 365-382.

Winter, Gerhard (1999): Sozialkonstrukte und selbstreferentielle Konzepteindividueller und kollektiver Identität. In: Hahn, Heinz (Hrsg.): *Kulturunterschiede. Interdisziplinäre Konzepte zu kollektiven Identitäten und Mentalitäten*. Band 3. Frankfurt: IKO Verlag für Interkulturelle Kommunikation, 295-325.

Zentralstelle für Arbeitsvermittlung der Bundesagentur für Arbeit (Hrsg.) (2006): *Internationale Nachwuchsförderung. Jobs und Praktika im Ausland 2006*. Bonn

Zwick, Daniel (2004): *Moderne Arbeitsnomaden - Die Rastlosen*, im Internet (am 14. Juli 2004) veröffentlicht unter: http://www.spiegel.de/unispiegel/jobundberuf/0,1518,308619,00.html (Stand: 18. Juli 2006).

Zeitfracht Medien GmbH
Ferdinand-Jühlke-Straße 7
99095 Erfurt, Deutschland
produktsicherheit@kolibri360.de